改憲

どう考える緊急事態条項・九条自衛隊明記

梓澤和幸（弁護士）

ありふれた日常と共存する独裁と戦争

同時代社

はじめに

本書で私は、安倍首相が二〇一七年五月三日に発信した改憲メッセージについての考えを述べた。

九条への自衛隊明記が話題の中心になりがちだが、なぜ緊急事態条項からはじめて、次に九条への自衛隊明記に進めたのか、その執筆の経緯について触れておきたい。

先の参議院選挙（二〇一六年七月）で改憲勢力が三分の二を占めた。これが執筆のきっかけになったことは本文の冒頭に書いた。改憲は、どのテーマからくるのか。

九条改正には、国民の異論が強い。世論調査でそれは明らかだった。日本会議に連なるシンクタンク日本政策研究センターの小坂実氏は、優先的な改憲項目として次の三点を挙げていた。①緊急事態条項の追加、②家族保護条項の追加、③自衛隊の国軍化である（菅野完『日本会議の研究』一八一頁）。二〇一五年一一月一〇日、「美しい日本の憲法をつくる会」（櫻井よしこ共同代表）が開催した集会に、安倍首相はビデオメッセージで参加したが、ここでも九条改正には触れていない（前同書一三五頁）。大災害が続く日本で漠然とうけとられている緊急事態条項。改憲はここからやってくる、そう思った。

緊急事態条項は内閣による独裁ではないのか。ヒトラーに全権を集中したナチスの全権委任法に似ている。もっとそのことをアピールしなければ、との思いに駆られた。

しかし、メディアの取りあげ方は少ない。選挙直前の野党の議員たちの演説でも、市民団体のチラシでもそのアピールが弱い。安保法制反対運動で野党共闘と市民運動は、一九六〇年安保以来空前の盛りあがりを見せた。そのことで自分たちを励まし、市民にもそれを強調するのはいい。しかし参議院選挙で三分の二をとられたとき、どんな改憲の危機が迫っているのか。緊急事態条項で、独裁の危険が迫っていると、もっと言うべきでないか。私も地元国分寺駅南口で駅頭演説を何回も行ったが、野党の議員、市民団体の人たちから緊急事態条項が危険だという声は、ついに聞こえなかった。他の駅頭における野党と市民団体の演説、宣伝にも耳を傾けたがそれは同じだった。

緊急事態条項についての強調が足りない。

自民改憲案逐条解説『前夜』（現代書館）を、澤藤統一郎弁護士、筆者とともに共著で執筆した岩上安身氏の思いは一層強く、同書の増補改訂版（二〇一五年一二月）では、そのことへの言及が鋭く行われた。

私もまた、強く思いいたった。危険を知った者は他の仲間に知らせなければならない、動物の群れにいる見張りのように。ジャーナリストの役割は人民の斥候兵とも環境の監視役ともいわれるが、そんな気持ちからも国家緊急権――緊急事態条項のことをあらためて勉強し、書きすすめた。

約一年を要して調査と執筆を終え、タイトルを決めるかという本書完成の八合目にさしかかったころに、二〇一七年の憲法記念日を迎えた。そこに安倍首相の改憲メッセージである。「九条三項自衛隊明記」の見出しが躍る。

一瞬、緊急事態条項はどこに行った。本書原稿はお蔵入りか、との思いに駆られた。

しかし安倍首相が国会で民進党議員の質問に答えて、「読んでほしい」と答弁した五月三日朝刊の「読売新聞」インタビューを読むと、緊急事態条項のことにも項を割いて触れている。

加えて日本会議につながるシンクタンク・政策研究センター発刊『これがわれらの改憲提案だ』（二〇一七年五月三日）の改憲提案第一は、緊急事態条項である。さらに二〇一七年六月二三日、保岡興治自民憲法改正推進本部長は、緊急事態条項にも言及している（「読売新聞」六月二三日付）。

憲法に明記された自衛隊が専守防衛の軛《くびき》から解放されて、世界の紛争地域に出かけて武力行使するのは目に見えている。そのとき国会前に、首相官邸前に、「戦争反対、自衛隊員に銃を撃たせるな、命を守れ！」というコールが鳴りひびき、全国の街頭にデモ行進があふれかえるのは、公権力としては絶対に困るのである。

また沖縄の基地反対、新潟の原発再稼働反対の知事を先頭に、政府の政策にたてつく人びとが活動しては困るのである。日本国憲法全体が作りだした戦後日本の人権保障と統治機構の全体系がこのままであっては、戦争はやれない。自衛隊は、九条をいじっただけでは海外の戦闘現場に派遣できない。そこで自民改憲案は一応棚に上げて、九条に自衛隊を書きこむ。しかしそれが動きだすための国家体系に、緊急事態条項は不可欠だ。

したがって緊急事態条項を詳しく分析した本書の当初の構成は変えずに、急きょ、安倍首相改憲メッセージと読売インタビューに対峙することとし、第六章で九条自衛隊明記問題をとりあげることとした。

同時に、憲法の人権保障条項を維持したように見せながら、緊急事態条項を滑りこませる新自民改憲案の特徴と一層の危うさを分析しなおした。

本書の構成に触れておきたい。

第一章では、なぜ私は政治、戦争、平和、民主主義の問題に向きあうのか。私という人間を掘りさげてみて、根底のところまで降りてゆきたいと考えた。なぜ自分は今このように生きているのか、という問いはすべての人に共通であると思う。

第二章では、二〇一二年自民改憲案にはじめて触れたときの衝撃をまとめた。そして、その思いを中学生、高校生と語る座談会を収録した。二〇一六年の暑い夏のさなか、都内の私立高校の校舎の中であった。安定した道を歩んでいるかに見える大人たちへの少し生意気な感情、未来への不安半ば、異性への強烈な憧れなど葛藤と動揺を抱えていた自らの思春期を思いおこしながら語りあった。難しい哲学書や思想の文献に触れている少年もいるかと思えば、「ボク、政治のことは関心なくてわかりません」という幼い表情の中学生もいた。リーダー格の高校二年生の大人びた表情には驚かされた。無党派層が多いとか、若者には政治的関心が活発でないとかいう世評とはやや異なるところが興味深かった。

第三章は、緊急事態条項が不要であることの論証に力を注いだ。大災害があったときに人権の制限が必要になるかということについて、伊勢湾台風、阪神淡路大震災、東日本大震災の経験と災害対策基本法の体系、法的分析を述べた。伊勢湾台風については大規模な学生の救援活動の経験を体験者の森賢一さんのお話をうかがい、当時救援に立ちあがった学生による総括パンフレット「伊勢湾台風」（被災学生を守る会）を手にできたときの気持ちを忘れられない。この体験に励まされて、大災害の被害現場における下からの救援活動、「災害ユートピア」（『災害ユートピア』レベッカ・ソルニット、亜紀書房）という言葉に短く表現される助けあいの精神こそ、個人と社会の最大の苦難を切り抜ける道だということを浮かびあがらせた。経験こそ、上からの抑圧と情報は知らしむべからずという権力的な思想の愚かしさを知る根拠となる。テロ対策としても緊急事態条項は的外れなのだということを、テロがなぜ起こるか、にまでさかのぼって考えた。そこに思いをめぐらせてこそ、テロは防ぐことができる。

第三章の中に、憲法研究者である清水雅彦教授との対談を収録した。清水氏は運動の現場、運動の第一線こそが研究の根源であるとして情熱をもって真実発見の根拠地となるという生き方の人である。「忖度」という言葉が流行語になる一年前に、「忖度の日々では民主主義を守れない」ということを語りあって大いに共感した。

第四章は緊急事態条項による人権制約の危険に焦点をあてた。表現の自由、情報公開と知る権利への抑圧、地方自治の侵害、財産権のさん奪など国家改造ともいうべき事態が、国家緊急権には想定されている。恐怖感の煽動ではなく、国家緊急権——憲法の停止という概念と歴史の経験に照らして問題の意味するところを明らかにしたいと考えた。

実は安倍改憲メッセージとの関係で、ここに興味深い論点がある。

安倍改憲では、九条自衛隊明記と緊急事態条項だけが言及されている。二〇一二年自民改憲案は、しばらく棚に上げるという。

二〇一二年自民改憲案では、人権の各項目制約について詳しい論及がある。

たとえば表現の自由、結社の自由については二一条一項で保障するとしながら、公益公共の秩序を害することを目的とした権利の行使、ならびにこれを目的とする結社は認められない、と同条二項は明言していた（自民改憲案二一条二項）。財産権、幸福追求権についても公益公共の秩序による制限をあからさまに謳っていた。これらの人権制約条項と総合すると、緊急事態条項の危険性は明白である。ところが安倍改憲メッセージでは憲法二一条、一三条、二九条など人権条項には一切手を付けない。

一体そういう中で布告される緊急事態宣言がどのように、あるいはどの程度人権を制約できるのか。ここについても考察が必要と考え、可能な限りの論述を試みた。

ここは憲法研究者の中で緊急に論議を詰めてほしい問題であるが、法律雑誌『法と民主主義』二〇一七年六月号への小沢隆一東京慈恵医大教授の寄稿をご厚意によって発行前に拝読することができ、思索の一助とさせていただいた。

第四章では、韓国仁荷大学法科大学院李京柱教授との対談を掲載した。筆者は一九九〇年に民主化間もない韓国を訪問して以来、韓国の研究者、法律家、政治家の友人が少なくないが李教授はそのお一人である。

対談では、フランスと韓国の戒厳令、緊急事態宣言の体験について伺った。アジアの人びとからみた日本への厳しい視線には、日ごろ気づかないハッとさせられる指摘があったことに触れておきたい。

第五章では、ワイマール憲法の実現とその下での、ドイツの歴史的経験をあらためてたどった。ドイツでは暴力による政権奪取の側面も強く、そのことを無視できない。しかし基本的外形としては、議会の選挙をつうじて独裁者が権力を掌握した。労働組合も左翼勢力もかなりの力量をもっていた。その点戦前の日本と違う。日本では、およそ民主主義など存在せず、軍部と特高が幅を利かせ、武力と暴力に物言わせた天皇制の国家体制、官僚と軍部が有無を言わせず、国家総動員体制と総力戦に国民を引きずりこんでいった。ドイツでは民主主義が生き、有力な対抗勢力もあるのになぜ、という問いはいまの日本で大切だと考え、あらためて法律と歴史の文献をできるだけ渉猟した。

第五章で、前記の問いへの結論は単純に定式化しなかった。しかし、日本の私たちが智慧を引きだすために、考えぬく方向性と情熱は浮かびあがらせたと思っている。

第六章は、安倍改憲、九条自衛隊明記、国民投票を取りあげた。九条一項、二項をそのままにして九条三項または九条の二に、国民が異議を述べない自衛隊のことを明記することのどこが悪い――、これは一見反論しにくい論議に見える。しかしそんなことはない。国民の目を危ういものから目をそらさせるという点では、「政治の技術」(安倍首相の言葉)を行使したつもりかもしれない。しかし改憲グループが乾杯をあげるのは早すぎる。ここに書きこまれる自衛隊は、専守防衛とはおよそ異なる、国防軍の別称といってよい。

本章を一読すれば、そこのところをわかりやすく、すっきりと書いたのでなるほどそうか、と膝を打っていただけるはずである。

加計学園、森友学園事件については、次々と真実を反映する文書と事実が現れる。政治家に疑惑が投げかけられた出来事で、これほど巨額の公共資金が動いた事例をかつて見たことがない。良心の痛みに励まされて真実を告白した人が攻撃の的になり、当の政治家はどこ吹く風である。

戦争と人権抑圧によって奪われた多くの命、中断された人生の遺産として生みだされた戦後の体系と精神を、根本から突き崩す改憲提案が、そうした当の政治家から打ち出されている。どこかおかしい。

世界の歴史を振りかえるとき、納得のゆかない事態に立ち上がり時代の動向を形づくってきたのは、いつも人生の煩悶を背負った青年と、その心を絶やさない人びとだった。

誰か一人でもいい。そのような青年に本書を届けたい。

改憲　どう考える緊急事態条項・九条自衛隊明記――ありふれた日常と共存する独裁と戦争

目　次

はじめに　3

第一章　警戒せよ　改憲――緊急事態条項の創設　19

本書をなぜ書くのか……19
一九四三年、群馬県桐生市に生まれて……20
三歳で逝った兄誠一……23
戦争の記憶……26
山本宣治の暗殺と谷口善太郎のこと……29
「これは小説ではない。事実なのだ」……31

第二章　自民党改憲案の衝撃と差し迫る国家緊急権　33

緊急事態宣言は改憲の重要論点……33
自民党改憲案のもたらす日本社会像──表現の自由の抑圧……36
なぜ軍を憲法にうたうのか……40
憲法はなんのために……43

座談会　中学生・高校生と語る憲法　47

徴兵制ってどう思う？……48
国民投票ってどうやるの？……54
個人と国家のどちらが大事か？……56
憲法は暴走停止装置……61
裁判所の役割は？……63
戦争が起こったらどうするの？……65
政治に関心がないのはどうして？……71

テロや災害は心配だけど……73

第三章　国家緊急権はいらない　77

第一節　大災害を理由とする国家緊急権必要論の検討——79

A——現行法体制で十分であるから国家緊急権はいらない　79

B——災害救援は中央集権でなく下からの力で　83

第二節　テロ防止と国家緊急権——100

対談　緊急事態条項の問題点を衝く　清水雅彦・梓澤和幸　105

右傾化する自民党……105

自民党改憲案にある新自由主義的条項……108

現憲法を使いこなせていない……111

日本社会を覆う「忖度文化」……114

改憲戦略の中での緊急事態条項の意味……119

緊急事態条項の憲法的法律的問題点 123
ナチス・ドイツの手口と日本の状況 128
緊急事態条項の危険性 131
民進党への提言 134
「法の支配」と近代立憲主義 137
「忖度文化」に抵抗して 139

第四章 緊急事態条項を憲法に書き込んだときなにが起こるか 141

安倍改憲メッセージと緊急事態条項 143
緊急事態宣言で基本的人権は? 146
1 表現の自由、報道の自由 146
2 司法上の人権 150
3 結社の自由 151
4 財産権の制約 154
5 地方自治の破壊 155

国家緊急権　手続き上の問題点……157

対談　フランス・韓国の国家緊急権　李京柱・梓澤和幸　160

フランスの緊急事態宣言の仕組み……160
フランスの緊急事態法はテロを予防できたか……163
フランス憲法院は国家緊急権を抑制できるのか……165
韓国の国家緊急権の仕組み……169
緊急権以外の非常事態に対応できる法律……172
韓国の「表現・結社の自由」はどうなっているのか……174
韓国から見る日本の危うさ……179

第五章　ワイマール憲法下でなぜナチス独裁が実現したか――歴史と憲法の陥穽《かんせい》　184

ドイツ帝政からワイマール共和制へ……186
ワイマール共和制とドイツ国民の抱えた戦後苦難……188

ナチ党が躍進した総選挙とヒトラー政権の誕生……192
国会放火事件と全権委任法……195

第六章　安倍改憲——九条自衛隊明記　200

第一節　安倍晋三首相の改憲メッセージ——201
第二節　九条三項加憲を選択したのはなぜか——改憲戦略の分析——202
第三節　九条三項加憲の法的、軍事的、政治的意味——205
武力攻撃事態法改正と自衛隊……206
重要影響事態法と自衛隊……209
軍法会議——三項加憲は軍法会議を導く……213
軍法会議は特別裁判所の設置を禁止した日本国憲法七六条二項に違反しないか……215
第四節　国家緊急権——緊急事態条項は改憲発議の真ん中に座る——217
第五節　国民投票の手続き——発議後解散を警戒せよ——219
まとめ……221

参考文献 230

あとがき 235

資料編 242

資料① 自民党憲法改正草案「第九章 緊急事態」……242

資料② 緊急事態に関する憲法改正試案 前衆議院憲法調査会長 元外務大臣 中山太郎……244

資料③ 日本国憲法に緊急事態条項（国家緊急権）を創設することに反対する意見書
（日本弁護士連合会 二〇一七年二月一七日）
「別紙3 治安法制の概要」「別紙4 災害法制の概要」……250

資料④ ワイマール共和国国会議員選挙推移
〔ハインツ・ヘーネ著『ヒトラー独裁への道』（朝日選書、一九九二年）より〕……257

資料⑤ 安倍晋三自由民主党総裁改憲メッセージ 第一九回公開憲法フォーラム
（二〇一七年五月三日）……258

資料⑥ フランス憲法一六条、三六条〔高橋和之編『世界憲法集』（岩波文庫）より〕……261

資料⑦ アメリカ合衆国憲法修正一八条、修正二一条
〔高橋和之編『世界憲法集』（岩波文庫）より〕……262

第一章　警戒せよ　改憲
――緊急事態条項の創設

本書をなぜ書くのか

　この本を書く直接のきっかけは、二〇一六年七月の参議院選挙の結果である。改憲をめざす勢力が三分の二の議席をとり、憲法改正の一つの要件である衆議院と参議院の三分の二を超える議員による発議が可能となった。安倍晋三首相は選挙ではまったく改憲に触れなかったが選挙結果が明らかになると即、次は改憲だと述べた。しかしどこを変えるのか、改憲の論点は発議する国会の役割、議論は憲法審査会でと述べて、中身には触れなかった。

　なにが提案されるだろうか。選挙直後に考えたことを記した文章を、そのまま掲載したい。

　戦争をすることを国に禁じた憲法九条の改正について国民の支持は集まっていない。そこで災害、テロに備えるという理由を挙げた緊急事態宣言条項の創設は一つの焦点になると考えた。

自民党改憲草案の緊急事態宣言創設条項を読む。それは強大すぎる権限を首相と内閣に与えるもので、第二次世界大戦の一方の主役であったナチス・ドイツと日本の歴史に照らすと、大変な未来をもたらすものである。

そのことを認識した法律家としてこれからの半年、一年、二年がどれだけ大切かを人びとに伝える責任を感ずる。同時にこの胸に生ずる思いは、ただ法律的知識や解釈からくるだけではないような気がする。

なぜ書くのか。なぜ書かなければならないのか。

自らにこの問いをぶつけると、私自身の生いたちや同世代・同時代に生きた人びととの人生の歩み、そして、私たちをとりまいたこの国の歴史に及ぶ。

一九四三年、群馬県桐生市に生まれて

私は、一九四三年三月一二日群馬県桐生市に生まれた。桐生市は渡良瀬川、桐生川と二つの

川が流れ、三つの地平線が山に囲まれている。周辺は桑畑で、伝統の織物産業で栄えた町である。

父は、東京日本橋の繊維問屋に尋常小学校を卒業するとすぐに奉公（住み込み勤務）に出された。このころの奉公では小僧、丁稚、手代、番頭と地位が上がってゆく。番頭にまで進むと、独立して小売店舗を出すことを考えた。出入りのお客の縁で群馬県の県北を薦められた。絹織物の伊勢崎、桐生が候補に挙がった。繊維の町で地盤を築き、ゆくゆくは、京都で修業を積んだ蓄積を活かして呉服商をやりたかった。はじめは仕入れに資金を要する呉服をさけて、需要が確実で資金繰りにも苦労しないという見とおしを立てた。赤ちゃん用品店を桐生市の真ん中を走る商店街に開き、遠縁の母を迎えて結婚した。

お店は栄えた。しかし、太平洋戦争に突入すると戦時経済で零細な商店は、一時廃業を余儀なくされた。

平時から近眼が強く、三〇歳を過ぎて特に膂力《りょりょく》も強くない徴兵検査乙種合格の父に、召集令状が来るはずはなかった。しかし、開戦後二年の一九四三年、私が生まれて間もなくそれは来た。

入営する兵士が、大企業に勤めているか公務員であれば給料は留守宅に払われ、家計は保障された。しかし、ささやかな赤ちゃん用品店にその恩恵はない。

三歳の兄とゼロ歳の赤ん坊、そして高齢の姑を託されたまだ二〇代の母は苦しかった。母は東京荒川区三河島の植木職人の家に生まれた。浅草六区の映画館街にいくつかの映画館をもつ親戚の頭領の屋敷が、浅草吾妻橋付近の隅田川べりにあった。この家には著名な映画俳優も出入りし、親類一同はなにかとこの興業主をたよって出入りしていた。

父も奉公先からお盆の藪入りや正月の休みにはこの家に帰った。九歳で実の母親を失った母は、この大きな家で行儀見習いをしていた。小学校で成績のよかった母のことを見込んで、尋常小学校の先生が女学校に進学することを薦めたが、植木職人の祖父は頑としてこれに応じなかった。六年制の尋常小学校のあと高等小学校という二年制の公立学校を卒業し、大家族の親戚で嫁入り修業をしたというわけである。

この家の女性たちを差配する興業主夫人の口利きで、母は父と結婚することになり、桐生で独立して店を開いた父のところに嫁いでいた。結婚して間もなく兄の誠一が生まれ、次男の私が生まれた。父の母親が同居していた。

こうして父出征後の赤ちゃん用品店に、母は子どもたちと姑を残されたのである。

三歳で逝った兄誠一

生計のあては手元のものを売るだけである。問屋時代に京都で一年間、呉服の修業をした父が買っておいた呉服を売って食いつなぐしか手段がなかった。

近郊の農家に野菜や米と引きかえに呉服をもって行ったときのことを、母は遠いところを見るような表情で語った。なにかの縁をたどって近郊の農家を訪ねる。ときには私を背負い、兄誠一の手を引いていたことがあったと思う。

差しだすものは高価な呉服。交換にもらうものは野菜などの食料である。

「それがねえ、少ししかくれないのよ」

戦後再開した繊維の小売商のお店の奥にある居間で、小学校三、四年生だった私は母の顔を見あげるようにしてこの話を聞いた。戦争が終わってまだ間もなかった。

お昼どき、一〇代だった女性の店員さんたちも、戦争の体験を語ってくれた。遠く離れた県都前橋が空襲で焼かれた。桐生では西の地平線を赤城山の山なみが占める。前橋はその方角である。その方面の空が真っ赤になったという。

兄誠一の最期を母から聞かされたのも、この居間でのことだった。

「亡くなるときねえ。なんというのか言葉で言えないような声を出したのよ……変な声だった」

戦争の時代、どこの家にもコンクリート製の高さ七〇～八〇センチ、幅四〇センチ、長さ八〇センチの防火用水があった。中の水はボウフラなどが沸いてとても飲めるものではなかった。三歳の幼子だった兄は、いたずらでその水を飲んで、伝染病の疫痢になった。

近所の内科医に往診を頼んだ。しかし女だけの、お金に困っていそうな世帯にその医師は冷淡だった。つてをたどって遠くの医師にお願いし、自転車で往診に駆けつけてもらったときは手遅れだった。兄は幼い命を絶たれた。まだ事情を理解できない赤ん坊の私は、二階の床の間に安置された兄の布団の周りでバブバブとハイハイをしていた。

千葉県佐倉の連隊に入営していた父に、兄の死が電報で届けられた。中隊本部に呼びだされた父に、電文が読んで聞かされた。父はその瞬間、卒倒した。よくあることなのか、あらかじめ兵士が背後にまわって真後ろに倒れる父を支えた。

この瞬間のことを、はじめて父から聞いたのは小学校四年のときだった。父はこのころの内務班での生活をおかしなことでもあったように笑い話として聞かせた。

古年兵に銃器の扱いがまずいといって、剣道のつばを握った手で殴られたときの描写がそうだった。

「つば付きのこぶしで殴られるとな、一週間は食事がまともにとれないんだよ。あごがはれあがってな。口の中が痛くて。あっはっははあ」

子どもだった私は、笑い話として聞きながら、軍隊生活への郷愁なのかだろうか、と思って聞いていた。

兄の死を電報で聞いて真後ろに卒倒した話、後ろで兵士があらかじめそれを待ちうけて支えていたという話もそう受けとった。しかし、それはおろかな誤解だった。

私は二七歳で結婚して、三〇歳のときに長女が生まれ、その三年後に次女が生まれた。

このころは毎年のように、夏になると千葉県九十九里浜の海岸に父と母を誘って海水浴に出かけた。孫とともに同じ宿に泊まる旅を、父母はとても喜んだ。

夜、浜にうちつける波の音はひときわ強かった。海岸を歩いて旅館に向かった。から松の林を抜けて帰る道から少し入ったところによしず張りの、かき氷を食べさせる店があった。

父はお酒を飲むと落語家のように陽気に笑い飛ばすが、普段はメガネがきらりと光り、すこしやせ形で謹厳実直あまり感情をあらわにするところがない。

かき氷の店で、兄の話が出た。

「上野の動物園に連れてゆくと喜んでな」

桐生から上野までは、汽車で三時間かかった。山もりの氷にスプーンをさしながら、父は親子二人の旅行のことを大切そうに話した。

残された写真で見ている、聡明な目をして、額が広くはった兄の三歳のころのこと、つまり私の長女と同じ年齢になっている男の子が、はじめて見るライオンやキリンを見て喜ぶ表情を思い浮かべながら、私はこの話を聞いていた。

そのとき突然、父は噴きだすように滂沱の涙を流し、叫ぶような言葉を出した。

「かわいそうなことをした。かわいそうなことをした」

それは、慰めの言葉を許さない、激しい嘆きだった。

戦争の記憶

戦争は、どこの家族にも傷跡を残していた。

戦後父は、いくつかの小売店が合併して作った上場会社に経営者の一人として参加した。桐生の店は他の経営者が入り、私たち一家は水戸に移った。

水戸の店舗は桐生よりも大きく、住込みの店員さんは一五名ほど（男子）、通いの店員さん（女性）が二〇人ほどいた。

住込みの店員さんは中卒、高卒の両方がいたが、私や三歳下の弟とよく遊んでくれた。また書道や英語、そして父の会社が社是としていた内村鑑三の流れをくむ無教会派キリスト教の精神で聖書の勉強もよくしていた。小学六年生から中学二年生までを水戸で過ごした私は、この人たちと兄弟のように付きあい、語りあいの中からよく学んだ。

男子の店員さんたちの中に、福島県出身の高卒の人がいた。あまり笑顔を見せず、友だちも少ないような気がした。あるとき、店員さんたちが誘いあって出かけたが、この店員さんは出かけずに残った。一五人が一緒に休む二〇畳ほどの寝室兼居室で、私と二人きりになった。私は中学一年生だった。

「かずちゃん（私はそう呼ばれていた）、戦争ってどう思う」

どういう話の流れでこういうやりとりになったか思いだせない。斜めに照らす電灯が、がっしりとした顔つき、いつも物思いに沈んでいるような頬を映しだしていた。

「うちのおやじは、徴兵で出ていって外地に出されて戦死したんだ。残されたおふくろは、えらく苦労して畑を耕して、俺たち兄弟を育ててくれた。ひどいことに、残された牛も、馬も軍隊にもっていかれたんだ。ひどいんだ」ため息を吐き出すような言葉だった。

私は、がっしりとした柱と梁で組んだ藁葺き屋根と、家の前にある明るい陽が射す庭を想いえがいた。その家を出ていく出征兵士の、ゲートルを巻き、帽子をかぶり、たすきをかけて出ていく姿を想像しながらこの話を聞いた。そして、牛と馬が連れていかれて空っぽになった馬小舎、畑で鍬《すき》をふるうもんぺ姿のお母さんのことも……。

今、改めて追想するとあの店員さんが、人前でなかなか笑顔を見せなかったわけも分かる。私の父母の体験、その体験で傷ついたまま報いられることのなかった戦後と、東北の村から出てきた二〇歳の青年が伝える、お母さんとその家族のなめた辛酸には共通するところがある。

その共通性とは「為政者の敷いたレールを、これでいいのかと、自分に問うことなど一度もなかった」ということである。自分に問い、疑うことさえない。個人が全体にがっしりと組みこまれた現実。

ふつうに暮らし、疑うこともせずに言われるままに店を閉じ、兵営に赴き、その兵営で子どもの不条理な死を聞いて卒倒した父。

住込みの店員さんの東北の村の母は、不安と孤独をかみしめながら、出征する夫を送り、そして戦死の公報を受けとった。

ここにあるのは、運命にただひたすら従うほかなかった人びとの人生である。そして、その対極にあったのは、家庭から大黒柱を無償で抜きとり、兵営に召集し、さらには一家の財産をも奪って軍事に動員する「国家」という強大な力である。

山本宣治の暗殺と谷口善太郎のこと

こうした民の中にあって、少数ではあったが国の行く末を見通し、これに自らの人生を投入して抵抗する人びともいた。しかし、運命に翻弄される客体としてでなく、自ら立ちあがって貧困、差別、戦争に抵抗した人びとにも不条理は襲いかかり、不幸を強いた。

谷口善太郎の身の上に起こったことをとりあげたいと思う（谷口善太郎を語る会編『タニゼンと呼ばれた人、谷口善太郎』新日本出版社　二〇一四年）。

私の学生時代、日本と韓国の国交回復につながる日韓基本条約の批准をめぐる国会審議があった。この条約には、アメリカ、韓国、日本の軍事同盟につながり朝鮮半島でふたたび戦火をもたらすとして強い危惧があり、この批准をめぐって衆議院、参議院で激しい議論がたたかわされた。全国的にみると一〇〇万人規模の集会やデモ行進、国会請願行動も行われた。その過程で何人もの野党議員の演説を聞いた。その中に、当時六五歳だった谷口善太郎の姿があったことをあるきっかけで思い起こした。

真っ直ぐに背筋をのばした背広姿の谷口議員の眼光は強く、衆議院議員面会所につめかけた聴衆によく通る声で語りかけていた。彼は戦前から活動し、プロレタリア文学でも業績を残す文学者だったことは知られていた。京都で絶大な人気を誇る左翼政治家。飾らず、誇張せず軸がしっかりと通った演説をする国会議員――。二三歳の私は、谷口の話を聞きながら「タニゼン」というその人の姿を記憶に残していた。その彼に起こった不幸を知ったのは、前掲の書によってである。

谷口と同じ京都府出身の山本宣治という戦前、労農党から出ていた代議士がいた。一九二九年二月四日、国会の質問で彼は、治安維持法で逮捕された人びとに行われた凄絶な拷問について具体的な事実をあげて追及した。山本宣治ことヤマセンの質問にあげられた事実に対して、答弁に立った責任者の顔色は蒼白に変わった。ヤマセンの質問は、タニゼンのことを念頭においた追及であったと思われる。

谷口善太郎は当時、労働組合の専従として活動している最中、逮捕、拷問され、獄中で肺結核を悪化させ、瀕死の状態で五年間監視つきの出所（責付《せきふ》出所と称された面会禁止の仮釈放である）の状態に置かれていた。同郷で親しい関係にあった山本宣治は、谷口を自宅に訪ね、国会質問の様子などを話して帰った。

その直後の一九二九年三月五日、山本宣治は東京神保町で右翼の刺客に暗殺された。治安維持法が成立した日の夜のことであった。

「これは小説ではない。事実なのだ」

ヤマセンの盟友タニゼン・谷口善太郎は身を挺してたたかった人であった。その意味では、私の父母や、東北出身の店員の母とはまったく違う社会との関わりをもった人であった。

しかし、その彼をも不幸は襲った。厳しい結婚生活の中で生まれた長男一雄は、京都第一工業高校に進んでいた。そのころ学校には軍事教練で将校が配属されていた。一九四二年一一月、特攻隊の募集があったが、一雄はこれに応じなかった。特攻を志願しなかった一雄をふくむ四〇名の学生に対し、配属将校は憎しみをあらわにした。

根性を叩き直してやるといって、練兵場のわきにある冬田で過酷な訓練を課した。匍匐前進《ほふくぜんしん》、銃剣術、駆け足。そのあと学生たちを二列に向きあわせて、互いを殴りあわせた。三日間これが続いた。最初の日、帰ってきた息子一雄を見て谷口は驚いた。顔が紫色にはれあがり、まぶたが膨れて目が見えなくなっていた。

三日目、みぞれの降る夜八時ころ一雄は全身ずぶぬれになって格子戸の前に倒れていた。肺炎から肋膜にすすみ肺結核を併発した。一雄はそれから一年三ヵ月後に落命した。死の直前、一雄は一〇分ほど意識を失い、その中でうわごとを大声で言った。

「誰もどうにもできんのか」

谷口は震える手で書き残した。「これは小説ではない。事実なのだ」（谷口善太郎『釣りのできぬ釣り師』新日本出版社）。

抵抗することなど考えたこともなかった人びとにも、また谷口善太郎のように身を挺してたたかった人にも、強すぎる力――独裁権力は不幸を強いた。

日本だけで三一〇万人、アジアで二〇〇〇万人。大戦で失われた人生は、決して過去として消えさったわけではではなく、今なお私たちの胸に生傷としてうずいている。納得のできない痛みと不幸を強いられた過去の一人ひとりの人たちから、今を生きる私たちは日々を託されている。

強大すぎる力を権力がもったときに必然的に起こる暴走。その危険を先に察知したものは、力をつくして人びとにこれを知らせなければならない。

だから私は書く。自分自身とこれからを生きる青年に向けて書く。

第二章　自民党改憲案の衝撃と差し迫る国家緊急権

緊急事態宣言は改憲の重要論点

二〇一六年六月二七日、七月に行われる参議院選挙に向けたＮＨＫ政見放送で、小泉進次郎氏とともに登場した安倍晋三首相は、改憲について一言も触れなかった。

首相が改憲について語ったのは、これに先だつ六月一二日の日曜討論でのことだった。「改憲発議は国会でやるものであり、発議の内容は憲法審査会で討論をやってほしい」と述べた。改憲の論点には触れない。

私は一瞬、その意図をはかりかねた。なんらかの改憲論点について触れて逃げてもよいはずだ。きっとなにかを隠している。

参議院選挙直後だった。選挙期間中にはほとんど一言もふれなかった改憲について、首相は次の発言をした。

「わが党の案をベースにして、どう三分の二を構築していくかが、政治の技術だ。……子どもたちの未来のために、どの条文をどう変えるべきかということを、衆参両院の憲法審査会で真剣に議論していくべきだ」(「日本経済新聞」電子版二〇一六年七月一一日)。

私は、改憲問題の第一に、自民改憲案九八条、九九条にうたわれている緊急事態宣言条項の創設があげられると見た。

『週刊朝日』二〇一六年六月二四日号は、そのトップで「日本会議と安倍首相」とのタイトルの記事を掲げた。

日本会議とは、日本神社本庁など神道系の宗教団体のほか、仏教系の宗教団体や寺院、地域ごとの神社も参加する団体であり、一九九七年五月三〇日に結成された。

アメリカCNNテレビ、イギリスガーディアン紙、フランスのル・モンド紙などは、日本会議について安倍政権に影響を与える超国家主義団体と指摘してきたが、国内のマスメディアはあまり取りあげてこなかった。ただ、後掲の『日本会議の研究』(菅野完、扶桑社新書)などの著作がベストセラーになって話題になった二〇一六年前半あたりから、この団体について論評、報道する単行本が次々と発行されている。

中でも青木理『日本会議の正体』（平凡社新書）は、関係の人びとへの取材と鋭い分析に貫かれた書である。この著作の結論は、右派政治家のサラブレッドとして、政界を駆けあがった安倍晋三氏のまわりを日本会議のメンバーや関連のイデオロギーががっちり固めていると指摘した。そして、「日本の民主主義を壊滅させかねない悪性のウイルス」と厳しい言葉を用いて指摘している（前掲書、二四五頁）。

参議院選挙直後の安倍内閣改造の結果が示す布陣をみても、政権と日本会議の濃厚な関係はまったく否定できない。

菅野完『日本会議の研究』も、日本会議の政権への影響を実証的に述べている。

同団体は緊急事態宣言条項の創設を改憲の第一テーマにあげている。

改憲を目指す日本会議一万人大集会は二〇一五年一一月一〇日、日本武道館で開かれた。代表の櫻井よしこ氏は、緊急事態宣言条項と家族を改憲の二つのテーマとして提示した。この大会には首相のビデオメッセージが寄せられた。

翌日一一月一一日、参院予算委員会で安倍首相は「緊急時に国家、国民がどのような役割を果たしていくべきかを憲法にどのように位置づけるかは極めて重く、大切な課題だ」と述べている。衆議院予算委員会でも同様の発言を繰りかえした。

日本会議と安倍政権をめぐる重要人物とされる日本政策研究センターの伊藤哲夫氏は、改憲の次の三つの目標を強調している（菅野完氏、前掲書、一八二頁）。

一、緊急事態宣言条項の創設

二、家族問題

三、九条の改正と国防軍の創設

二〇一六年四月一五日菅官房長官が官邸記者会見で熊本の地震災害に対し、わざわざ緊急事態宣言条項が必要であると述べた（朝日新聞デジタル二〇一六年四月一六日）。

加えて、二〇一六年一月の神社の初詣に際し、日本会議の重要構成団体である神社本庁傘下の神社がこの条項の創設を求める署名運動を行なったことも報道されている。

このように見てくると衆参両院で改憲勢力が三分の二をとっている現在、この問題が改憲問題の中心に登場する、蓋然性が高い。

ここで首相がしきりに言う「自民党改憲草案」とはどんなものか、緊急事態宣言条項の意味するところを理解するための前提として次に記しておきたい。

自民党改憲案のもたらす日本社会像――表現の自由の抑圧

自民党改憲草案（二〇一二年）の中ではじめに衝撃を受けたのは、草案二一条二項だった。

同一項は「集会、結社及び言論、出版その他一切の表現の自由は<u>これ</u>を保障する」という現行の文言から、「これを」取り去っただけでさして変わらない。しかし、二項は「前項の規定にかかわらず、公益及び公の秩序を害することを目的とした活動を行い、並びにそれを目的として結社をすることは、認められない」となっている。草案起草委員の一人である石破茂自民党幹事長（当時）は、テレビ（週刊BS－TBS、二〇一三年四月二一日）のインタビューで、「誰が公益及び公共の秩序に反しているか、否かを判断するのか」と聞かれて一瞬、間をおいた後「憲法が判断します」とはぐらかした。ビラまき、駅前集会、デモ、住民運動ピケットライン、ストライキの現場に立ち会い、警備にあたってきた私の弁護士経験に照らせば、表現の現場で規制にあたって火花を散らすのは警察である。官邸前の反原発行動しかり、駅前ビラまきしかりである。

現に、二〇一六年四月下旬の脱原発一斉ビラまき行動では、駅前のビラまきに私鉄やJRの駅当局者から口出しがあり、マイクは使わないでくれなどと具体的な規制が入ったり、中央線の駅に駅長と地元警察署長連名で駅構内のビラまき自粛要請の警告が出ている。それはこういうことである。

憲法学の蓄積によれば、駅前広場、公園、道路などは乗客の往来、人びとの休憩、車両の運行などの本来の目的のほかに、パブリックフォーラム（公共の広場）として表現行為が保障されてきた。それは憲法二一条の表現の自由で保障された結果である。

現場の警官のさじ加減で、あるいは時の政権の思惑で（警察の上部に立つ国家公安委員長は内閣総理大臣が任命する！）、「原発再稼働秩序、辺野古移転、自衛隊の海外派兵は公の秩序だから、これに反する表現は許されない」となれば、刑事罰を伴う鉄道営業法で駅構内、広場では一切表現はできない。そして、構内から一歩外に出れば、道路交通法で一網打尽となる。

さらに注目すべきは、草案二一条二項がわざわざ「公益、公の秩序に反する目的とした結社の自由は認められない」としていることである。これは、国体変革（天皇制を中心とした日本の国家構造の変革のこと）を目的とした結社につき、死刑、無期、又は五年以上の懲役を定めた治安維持法を想起させる。同法は明治憲法下で猛威をふるい、七万名以上の検事への送検、一五〇〇名の獄中死を生じさせた。その中には築地警察署の残虐な拷問で命を奪われた小説『蟹工船』作者の小林多喜二も含まれる。

憲法三六条の、「公務員による拷問及び残虐な刑罰は絶対に（傍点筆者）これを禁ずる」は、このような日本がたどった体験をもとに憲法に書きこまれた。しかし自民改憲草案三六条は、「絶対に」を削除した。

拷問は、昔の話ではない。それは国内の冤罪事件の当事者やアメリカのグアンタナモ収容所の収容経験者からも伝えられている。

なぜこのように表現、集会、デモ、結社を自民党改憲草案の起草者たちは忌みきらい、現行規定を弱々しいものに相対化しようとするのか。いや、表現の自由に支えられた民主主義秩序を転覆しようとさえするのか。

それは現在、議席上は少数派であるが、真実を知ることによって多数派になるかもしれない人たちの意見を抑圧するためである。その対象は社会が戦争一色に染まろうとするとき、わが身をかえりみずに抵抗する人びとなどが典型といえよう。

そして自民改憲案の国防軍は、少数派抑圧につながる。天皇を戴く国家体制を作ろうとすることもそうだ。

自民改憲案は、象徴天皇制を否定して天皇を元首とする。「象徴」とはわかりにくい言葉であるが、国民がこの国の主人公であることと天皇制の存続との妥協の産物と私は考える。天皇を元首に戴く国家では、国民主権と少数派の人権擁護は成り立ちにくい。石原慎太郎維新の会共同代表（当時）は、「日本は軍事国家となるべきだ」と公言した。この言明の意図するところは、自民党改憲草案に一本の棒のように貫かれている考え方とよく似ている。

安倍晋三という政治家が繰りかえしてきた「戦後レジームの総決算」という言葉や日本会議の主張ににじみでている「戦前社会への回帰」という言葉が描きだす社会像にも共通する。

草案九条の二、五項には、軍人と公務員を裁く「国防軍審判所」の規定がある。石破幹事長はこれを「非公開」の軍事裁判所、軍法会議だと前述の番組で明言した。続けて、「自衛隊法の七年（の処罰）では命令に背いたり、逃亡したりする兵士の心を縛れない。死刑、無期懲役三〇〇年といったその国の最高の刑罰が必要」と発言した（「東京新聞」二〇一三年七月一五日）。このように前線の兵士たちは鉄砲等による加害と、自らの生命の危険を強制される。これこそ戦中戦前の軍事国家の恐怖の再現であり、表現の自由弾圧は軍隊と戦争への批判を恐怖で抑圧するものなのだ。

なぜ軍を憲法にうたうのか

安倍総裁は二〇一二年の衆議院選挙で、「憲法を改正して、軍とうたわなければならない」と呼号し、石破茂自民党幹事長は四月下旬、熊本で憲法に軍をうたうことが肝要だと演説した。自民党改憲草案も内閣総理大臣を指揮官とする国防軍を保持することを明示的に提言している（草案九条の二第一項）。

軍という言葉を憲法にうたいこむことに、なぜこれだけの力を入れるのか。個別的自衛権に加えて同盟国アメリカとの集団的自衛権を行使できるようにすること。すなわち、アメリカが全世界で引きおこす戦争、武力行使になんらの障害もなく堂々と参加できるようにするためである。このことについては改憲の賛否を問わず、解釈に相違はないであろう。自民党の改憲草案Q&Aもこれについて言明している。

集団的自衛権について安倍首相など与党の政治家は、「アメリカの艦船が攻撃されているのに座して見ていれば同盟は体をなさない」との事例をもちだす。しかし、もっと大きいのは中南米、中東、アジア各地で自主独立の方向で高揚する国々は、それぞれ自主路線をとるために、アメリカとぶつかりあう政権に対するアメリカの干渉戦争の危険がある。また、中東地域の紛争に草案がいう国防軍が動員される危険は大きい。反米に動きかねない政治の動きがあるアジアに対してアメリカが武力行使を行う場合でも、国防軍をもった日本に大量派兵の要求をするのは必定であり、それに応じれば兵士の犠牲は著しい。ベトナムに派遣された韓国軍兵士が四九六八人死亡したことを忘れてはならない。

さらに、「国防軍規定」が国内の法体系の中でどういう意味をもつのかについては、いまだ論及が不十分なように私は思う。

まず第一に、軍を憲法にうたいこむのは、軍という武装組織に憲法上保護すべき価値を与えるためである。草案一三条は人権一般について、草案二一条二項は表現の自由、集会の自由、結社の自由について、草案二九条二項は財産権について、公益、公共の秩序による制約の規定を新設した。国防軍保持を憲法にうたいこむことにより、軍の利益を公益、公共の秩序に含ませる。そうすると、軍の利益をもちだせば真正面から表現の自由その他の人権を制約できる。

第二に、国防軍は公の秩序を維持し、国民の生命若しくは自由を守るための活動ができることを草案に盛りこんだ（草案九条の二、三項）。軍による治安行動の規定である。自衛隊法には、防衛出動のほか治安出動の規定がある。しかし、自衛隊はデモの制圧、警備など国民の基本的人権行使に対する治安出動に直接乗りだしたことがない。一九六〇年安保の際、岸信介首相は自衛隊の治安出動を検討したが、ついに実施には踏みだせなかった。脱原発のデモは一九六〇年以降最大の規模と継続性を示し、沖縄でも基地、オスプレイ、米軍兵士の性犯罪への反発から県政、国政をゆるがす運動が継続している。草案九条の二のような規定は、国防軍による銃剣と装甲車によるデモ鎮圧のような抑圧を可能にする。

現に草案九八条、九九条は本書第三章で分析しているとおり内閣総理大臣による非常事態宣言と、人権の全面的停止のような規定をおいており、原発の過酷事故のような事態の下で、国防軍の兵士が街の角々に立って警備、検問をするなどという想定は決して過敏、過大な想像とはいえない。

第三に徴兵制の危険である。従来の解釈では苦役禁止の一八条の規定は徴兵制を許さないとされてきたが、軍の継続を公益、公共の秩序維持に読みこみ、これをもって苦役から逃れる自由も制約できるとなれば、徴兵制の導入にさほど障害はない、と草案の起草者たちが考えていると想定して差しつかえないだろう。

　こうしてかつての石原慎太郎維新共同代表（当時）が用いた「軍事国家」（「朝日新聞」二〇一三年四月五日から引用）という言葉による構想は、自民党改憲草案全体から明らかに浮かびあがってくるのである。

憲法はなんのために

　二〇一三年五月三日の憲法記念日を前後して、政府・与党の幹部から憲法九六条の要件を三分の二から二分の一に緩和する改正を行うとの発言が聞かれるようになった。この発言や二〇一四年七月の集団的自衛権容認の閣議決定、二〇一五年の安保法案（戦争法）の強行は、そもそも憲法はなんのためにあるのか、を考えさせた。

　憲法九六条では、憲法を改正するときは衆参両議院それぞれ三分の二を超える議員が発議し、国民投票にかけて二分の一の賛成を得ることが必要とされている。この改憲発議要件三分の二を二分の一にしよう、というのである。安倍首相は、「三分の二では改憲について意見を国民に聞くことができない。二分の一にして憲法を国民の手にとりもどそう」などとも発言した。

これに対して広く反対の声が起こった。小林節慶大法学部教授は、自分は改憲論者と前置きしたうえで「九六条改憲は、国家権力を縛るのが憲法の役割なのに、これでは縛りをかけられず、憲法の根本を破壊するので反対だ」と厳しく言明（朝日新聞デジタル二〇一三年五月四日）。奥平康弘憲法研究者（故人）は、二分の一への要件緩和は憲法への死刑宣告だ、との表現を用いた（「東京新聞」二〇一三年四月一三日）。なぜ改正に厳格な要件がとられているのか。改めて検討してみたい。

国民主権、民主主義をとる政治体制には、大統領制、議院内閣制がある。日本は後者をとるが、議会で二分に一を獲得した多数派勢力が内閣総理大臣を指名し、内閣総理大臣が国務大臣を任命して内閣を組織し、行政府を掌握する。内閣総理大臣はタンク、装甲車、小銃で武装する自衛官二四万人の総帥となり、警察の指揮権をもつ国家公安委員長を任命し、国税庁、各税務署という徴税官署を指揮掌握する。武装力、強大な組織力で成りたつ権力の長となる。

この強大な権力の　暴走停止システムが憲法である。たとえば捜査機関が個人の人身の自由を奪って逮捕、勾留するためには、裁判官の許可、令状が必要であり（憲法三三条）、理由を告げ、弁護人を付けることなくして逮捕はできない（三四条）。税金を課すためには国会で議決しなければならず（三〇条）、私人の住宅、事務所には警察も税務官吏も裁判の許可（令状）なくして踏みこむことは許されない（三五条）。殺人の疑いを受けた人でもリンチはできない。

処罰のためには刑法の条文に従った刑罰を科すことしかできず、裁判という手続きを経なければならない（罪刑法定主義、デュープロセスの保障三一条）。拷問は絶対に禁止されている（三六条）。こうして個人は権力の暴走から守られるのである。（前述のように自民党改憲草案は「絶対に」を削除！）権力にとってはなはだ窮屈な縛り、これが「憲法」である。これが窮屈だからといってすでに二分の一をとっている多数が、二分の一の議席だけでこの縛りを解いてよいのか。そんなことはないぞ。それを変えるには熟議のすえ、三分の二を説得せよとするのが改正発議要件なのだ。

衆院選に勝ち、少し高い支持率をとったことを背景に、当時、安倍政権と自民党幹部は改憲内容と切りはなして、三分の二を二分の一とする改憲を行う構想を二〇一三年四月の議会やテレビで発言した。

四月下旬の段階では、九六条改憲への賛否は拮抗しているかに見えた。しかし、憲法記念日をはさんで五月下旬に至って明らかに変化があらわれた。自ら改憲要綱を発表しているフジサンケイグループの世論調査（「政治に関するFNN世論調査」二〇一三年五月二五〜二六日）でも、改憲発議要件を二分の一にすることに反対が五二・〇パーセント、賛成が三二・三パーセントと反対が賛成を引きはなしている（「産経新聞」二〇一三年五月二五日）。首相も国会で、反対が多いことを認めている。

橋下徹維新共同代表（当時）の従軍慰安婦必要発言や風俗利用奨励発言（後者のみ後に撤回）は内外の厳しい批判にさらされた。橋下氏に向けられたアジアとアメリカの批判の視線が、その背後の安倍政権と与党自民党の超タカ派的姿勢をもとらえていることに注目すべきである。国防軍呼号、立憲主義否定の改憲構想の行手には、国境を超えた壁が立ちはだかる。ドイツのナチズム、日本の軍国主義、イタリアのファシズムの歴史の結末を教訓として「戦争は止めよう。人権保障がなければ平和はない」とする国連憲章、世界人権宣言にうたわれた国際合意がその壁である。

先の沖縄戦では一般住民を含む二〇万人を超える命が奪われた。世界全体では二つの大戦で六九七三万人の命が奪われた（油井大三郎『好戦の共和国アメリカ』）。それらの人びとの痛みと家族の悲しみ、苦難の人生の上に国際合意、そして、日本国憲法があることを忘れてはならない。

私は二〇一六年七月の参議院選挙後に、日本国憲法について高校生たちと語りあった。改憲が議論される現在の状況を、若者たちがどう捉えているかを知りたかったからだ。その記録を次に紹介したい。

また、本書では、次章以下でこのような自民改憲案の中に盛りこまれた緊急事態宣言条項の創設がもたらす法律的、社会的、歴史的意味を検討したいと思う。

座談会　中学生・高校生と語る憲法

梓澤和幸弁護士と都内私立中高一貫校の討論部の生徒たちによる憲法論議の記録。

参加者（本文中、敬称・肩書略・生徒、先生仮名）

鈴木さん　高校二年生、男子
吉本さん　高校二年生、男子
船橋さん　高校二年生、女子
有村さん　高校一年生、男子
山田さん　中学三年生、男子
中村さん　中学一年生、男子
松平洋子先生（討論部顧問）
斎藤悠貴弁護士
梓澤和幸弁護士

二〇一六年八月九日、都内私立中高一貫校の教室にて

徴兵制ってどう思う？

梓澤　はじめに私のほうから問題提起させていただきます。

二〇一六年七月、参議院選挙がありました。選挙期間中には憲法問題についてまったく話題にしなかった安倍首相が、選挙が終わった途端に、憲法改正に言及しはじめました。なぜでしょうか。この参議院選挙の結果で、憲法改正を主張する国会議員の数が、三分の二以上になったことに関係します。衆参両院の国会議員三分の二以上が賛成すれば、憲法改正を提案――憲法の言葉では発議といいますが、発議できるのです。

一九四七（昭和二二）年に憲法ができてから――まだ皆さんが生まれるはるか前ですね、はじめて憲法改正ということが本当の話題になることになった。安倍さんはその憲法改正を発議するにあたって、その中身を言いません。どこをどう変えるということは言わない。

安倍さんはまだ言いませんが、九条の改正については話題になっています。皆さんは聞いたことありますか？　自民党改憲案、第九条の二に「国防軍」とあります。ちょうど皆さんの年齢、中一だと一三歳、高二だと一七歳ですよね。将来、ちょっとゾッとする話ですが、皆さんに関係してきます。徴兵制の話です。

徴兵制とはなんでしょうか。自衛隊員になるには、採用試験を受け、職業の選択の一つとして自衛隊に入ります。徴兵制はそうではありません。国が法律で決めて、その法律の手続きにしたがって、海外派兵や戦争に備えて、法律的義務として兵役に就くということです。安倍首相は安保法制の国会審議のとき、安保法制は徴兵制の危惧があるのではないか、と野党から質問されて、なにをトンチンカンなことを言っているのかと強い言葉で否定しました（「朝日新聞」二〇一四年八月一一日）。それにもかかわらず、私がこのことに言及するのは理由があります。現行憲法の九条、一八条のもとでは徴兵制は許されないということが憲法学説の通説でした。しかし、戦力の放棄をやめ、自国が武力攻撃されていなくても自衛権を行使することにつながる自民党の改憲案のもとではどうか。徴兵制を決める法律も憲法違反にならないとされるおそれが大きいのです。

また、日本国憲法一八条に「苦役を強いてはならない」とあります。苦役というのは自分の意にそまぬ労働を強いられること。そのような労働をもし国が命じたら、それははねのけることができる。戦争をやらないことを誓った憲法のもとで、徴兵制を法律で政府が作ろうとしたら、それは憲法違反だと言うことができるのです。

ところが自民党改憲案では、九条の改正で戦力の放棄はなくなり、自衛権の規定が入る。自民党の改憲案Q＆Aをみると、この自衛権には自分の国が攻撃されなくても武力行使することにつながる集団的自衛権も含むという意味だとされています。自民改憲案の国防軍の規定はその脈絡で考える必要があります。この条文のもとでは、憲法の解釈として日本国憲法のもとでは徴兵制を憲法違反だとする今の憲法学者の通説がとおらなくなる可能性があります。

私は、法律解釈の理屈のふりまわしや危ない危ないというオオカミ少年的な言葉として言っているのではありません。次の注目すべき出来事がありました。石破茂さんという人が言っていたことを紹介します。知っていますか、石破さんという人。安倍さんの次に、これから正面に躍りでてくる人かもしれない。なぜなら、石破さんはあえて今度の安倍改造内閣に入らなかった。入ってくれというのを断った。断ったということは次は石破さんが総理大臣を狙っているという見方もできる。自民党の中の派閥の対立で、次は私の番ですよと。だから石破さんの発言も、今は総理大臣でないからと軽んじてはいけない。石破さんは今、お配りしている自民党改憲草案の起草委員の一人でもあります。

杉尾秀哉さんというジャーナリストが、BS－TBSの「週刊BS－TBS」という番組（二〇一三年四月）で「石破さん、自民党の改憲草案を見ると、国防軍という言葉が出てきますが、軍という言葉をなんで使うんですか」と質問しました。すると石破さんは、まずは、現状について、自衛隊員が一般法によって裁かれていることに触れ、その罰則が甘すぎると主張しました。「今の自衛隊員の方々が、『私はそんな命令は聞きたくないのであります。私は今日を限りに自衛隊員を辞めるのでありますと言われたら、ああそうですか、という話になるのですよ。『私はそのような命令にはとてもではないが従えないのであります』と言ったら、目一杯行って懲役七年なんです（注：自衛隊法の刑罰の上限は『七年以下の懲役・禁錮』）」。

つづけて、「これは気をつけて物を言わなければいけないんだけど」と前置きし、「（自衛隊では）『これは国家の独立を守るためだ。出動せよ』と言われたときに、いや行くと死ぬかもしれないし、行きたくないと思う人がいないという保証はどこにもない。だから（国防軍になったとき）それに従えと。それに従わなければ、その国における最高刑に死刑がある国なら死刑。無期懲役なら無期懲役。懲役三〇〇年なら三〇〇年。そんな目に遭うぐらいなら、出動命令に従おうっていう。人を信じないのかと言われるけど、やっぱり人間性の本質から目を背けちゃいけない」と言ったのです（J－CASTニュースより）。

皆さん、自分がもし行きたくもない所に連れて行かれて、ということを想像しながら考えてください。「軍ならば死刑、無期懲役」「または懲役三〇〇年」と言った言葉の重さを考えてみてほしいのです（「東京新聞」二〇一三年七月一五日付朝刊参照）。

自民党改憲案について別の面に触れてみます。それは人権についての考え方をひっくり返したところです。

古くはフランス人権宣言（一七八九年）、それからバージニア権利章典（一七七六年）とか、そこで共通しているのは、国家というものは一人ひとりの幸福を一番大事にすると。一人ひとりですよ。あなた、私、私の孫、そういう一人ひとりを大事にするのが人権であり、それを大事にするために国家を作るんだといっているわけです。国のために人間があるのではない。そういう考え方を取りいれたのが、各国の近代的な憲法になってきた。その最も典型的なのが日本国憲法といわれています。さらには、第一次世界大戦、第二次世界大戦で六〇〇〇万人以上の人が戦争で亡くなりましたが、その二つの戦争体験を振りかえって、国連憲章にこういうことが書かれています。「もし人権を国際的な力で徹底的に大事にしていれば、二つの大戦は防ぐことができた」と。現代は人権についての考え方が、変わったというか、進歩したのですね。

もし国際社会が人権を大事にしていればナチスや、日本の軍国主義による世界大戦は起こらなかった。悲惨な大戦には至らなかった。それが大事だということにつながる考え方を国連憲章の中でうたっています。世界人権宣言にも同じ考え方があります。

でも自民党改憲案を読むと、そういう人権を大事にする、一人ひとりの幸福を守るのが国家である、というのはまちがいで、そうではなくて、国家があってはじめて人権がある、幸せがあるんだという考え方が繰りかえし表れてきます。石破さんみたいに、国家を守る、国を守るためには戦場で逃亡する者は懲役三〇〇年だと、こうなるわけです。

松平　では、ここで質問を受けたいと思います。

山田　中学三年の山田です。前回の選挙で改憲勢力が三分の二を取ったじゃないですか。だけど三分の二が自民党の改憲草案を支持しているわけじゃないですよね……。

梓澤　そう。この改憲草案全体を支持しているのは自民党だけ。だからまだ三分の二といっても、自民改憲案を全部支持して発議するには、まだ議席が足りません。

多くの人が九条改正の問題を言います。しかし後で説明しますが、緊急事態宣言から議論が始まると私は思っています――これは人権に関わる問題をはらんでいます。それをあいまいにするために、セットで大阪維新の改正案である高校無償化（「東京新聞」二〇一六年六月四日）を提案する可能性もまったく否定することはできないと私はみています。そして発議の次は国民投票になります。そうするとこの国民投票のときに、高校はタダにするというのと、緊急事態宣言、人権の話って難しいから高校無償化でいいんじゃないか、というところへ向けて、調整をやってくる可能性が大きいと私は見ています。

だから、全部が全部、自民改憲案のとおりにはいかない。しかし、組みあわせで、一番やりやすいところからくると思っています。

国民投票ってどうやるの？

有村　実際、まだ、憲法改正されたことないじゃないですか。なので、わからないんですけれど、いくつかの条文をまとめて国民投票するというのは可能なんですか。

梓澤　国民投票の手続きを決めた「日本国憲法の改正手続に関する法律」（国民投票法）によると、それは可能になっています。本当は一個一個、大事な条文だったらちゃんとやってもらいたいのですが、組みあわせてやる可能性もある。

だからこっちは賛成だけど、こっちは嫌だなという人は、どうするかなといったら、迷った末に、じゃ、いいのが入っているからいいか、と。こっちはわからないし、というので入れてしまう可能性がありますね。あるいは棄権するか。

これ、いい例があります。最高裁裁判官の国民審査という制度があります。以前の衆議院選挙の際に国民審査を受けなかった裁判官が多いときには七人、八人と並んでいます。

僕が見るところ、国民審査でOKと言える人あまりいないんですけれど（笑）。ほんとに、いないんだけど、でも七人、八人並んでいると、一人ひとりについての情報がきちんと与えられない。わからないままに審査のしるしをつけることになります。わからないという人が多いでしょうね。わからないまま投票すると信任扱いにされてしまう。

　それと同じように一五ぐらい憲法改正の条文が並んでいて、これ、まずいよな……一個ずつだったらいいけど、ウーン、わかんないよな、棄権か、……ってやるでしょう。そうするとそれは反対のほうに数えられるわけではないでしょう。そうではなくて賛成反対の分母が減る。

　最低限の投票率という決まりがない。たとえば、大事なことだから五〇パーセント以上の投票参加率がなければ、あるいは七〇パーセント以上の投票率がなければ憲法改正の国民投票は成りたたない、というようにすればいいと思いますが。最低投票率の下限の決まりがない。

　難しいから、関心がないから、よくわからないから投票に行かないという数字は、投票率の分母の数を減らします。すると、ある条文改正に賛成の人が仮に少なくてもその条文の改正は実現してしまうのです。みんなが理解しないうちに……主権者である国民がこれからの日本の進む道を選ぶのですから、わかって賛成するのだったら批判は難しい。私が一番心配しているのは、「難しいなぁ、まぁいいか、マル」って。これはまずいです。私は本当に夜中、目が覚めてしまう。真実を知らされないうちに道を選ぶことになる。そういうことを思うと……。

個人と国家のどちらが大事か？

鈴木　二一条の表現の自由で、現行憲法は②のところで「検閲は、これをしてはならない。通信の秘密は、これを侵してはならない」とあるのが、草案になると「これを」というのがなくなっているんですけど、これって、なにか意味があるんですか。

梓澤　法律的な効果としてはあまりないと思うんです。ただ、しきりに改憲派の一部の人びと、たとえば橋下徹さんなどが言っているのは、日本語として通ってないから変えたほうがいいって言うんですね。

日本語として「これを」っていうと、なにか英語っぽいから、こういうふうに取ったほうがいいという、変えるときの説得になるんじゃないかな、と私は思っています。

中村　あと、第一三条で「すべて国民は、個人として尊重される」というところが「人として尊重される」に変わっている。そこって、「個人」と「人」ってなにか違いというか、この憲法を改正するにあたってここを重視したというのはあるんですか。

梓澤　あると思いますね。大いにある。

「個人」というのは、さっき言った、個人と国家のどちらが大事かという意味での価値をもった概念。価値をもっている。つまり、憲法的な意味をもった言葉なんです。個人というのは。

つまり国家に対する個人、個人個人を基にして国家を作るという考え方が反映されているわけ

です。

　ところが「人」というのは生物学的な表現なんですね。人間として生物学的に大事にします。

一方で、個人というのは、個人と国家があるときには個人を大事にする。個人と国家がぶつか

りあったら個人だ！　こういうことですね。これは非常に大事な違いと考えます。

中村　それによって国民に、政府はどういうことを言いたいんですか。

梓澤　政府はどういうことを言いたいかというと、個人と国家がぶつかりあう、こういうとき

は国家が大事です、ということを言いたいのだと思います。

斎藤　あと、私は「個」という字が削られた意味なんですけど、個というと本当にどんな人で

も当てはまるものですよね。それこそ政策の議論とかになれば多数派がいて少数派がいて、学

校の議論でもそうでしょう？　そのときの少数派の人たちの意見も大事にしましょうよと、そ

れを表しているのが「個人」だと思うんです。正しいことを言っていても、まちがったことを

言っていても、その人の意見をしっかり聞いて議論をしましょうというニュアンスがやや薄れ

てしまったんじゃないかな、というのがちょっとあります。

山田　それって、じゃあ個人として尊重しなくなったということですよね。なんで個人として

尊重せずに、政府が絶対的な感じの法を作りだしたいのかなあ?

梓澤　大事なことですね。今、クラスのリーダーを選ぶのは委員長って言うんですか。

松平　この学校では級長です。

梓澤　級長を選ぶのは、多数決でしょう?　国の場合も、多数派を取ったらもうそれは絶対だという考え方がある。二分の一取ったらいいじゃないかと。こうなるじゃないですか。ところが憲法の考え方というのは、仮に多数派が決めたことでも、ここを侵してはいけないという、これが憲法なのです。これは大事なことです。

二分の一以上の議席をもっている人、首相は、自衛隊の最高司令官です。警察への指揮権をもつ国家公安委員長の任命、罷免の権限ももちます。それから税務署の国税庁長官を任命できます。税金を取る。それから裁判所の、最高裁判所の裁判官の指名権をもっています。すべての行政府のトップを選出する権限をもっています。強大な権力をもっているんですね。だけどその権力をもっている人、組織力をもち、武装力をもっているんだからなんでもできるかというと、そうではない。

これは絶対に侵しちゃいけない、絶対に、の中には、たとえば警察が「こいつがやっていそうだ」という犯人を捕まえたとしても、拷問はしてはいけない。そういうように書いてある。今の日本国憲法で。ところが自民党改憲案は、この、残虐な刑罰及び拷問は「絶対に」というのを取っちゃった。

つまり、憲法の力というのはなにかというと、崖があってトロッコが落ちていこうとする……権力というのはこの崖の上にあるトロッコだと考えるんです。それでそのトロッコが暴走しないようにいつもブレーキがかかっているんです。これが憲法なんです。

で、その憲法が命じたのは、九条が命じたのは、戦争はやってはいけない。この戦争をやってはいけないという禁止文句を自民党改憲草案は取っちゃった。自衛権の充実というのは、改憲案の九条の二の三項というところを見ると、「国防軍は、第一項に規定する任務を遂行するための活動のほか、……国際社会の平和と安全を確保するために国際的に協調して行われる活動及び」この次が注目です。「公の秩序を維持し、又は国民の生命若しくは自由を守るための活動を行うことができる」。

これはなにかというと治安出動です。自衛隊法にも治安出動の規定というのはすでにあるんだけれども――。治安出動というのはなにかというと、軍隊が出てきてデモを取り締まるということです。エジプトであったことですが、ムバラクという政権を倒してアラブの春の民衆運動の波の中でイスラム同胞団というイスラム主義の新しい政府が生まれました。シシ大統領が選出された。しかしエジプトの軍隊はクーデターを起こしてこの新政権を倒しました。人びとは激しく抵抗しました。クーデターを起こしてできあがった軍事政権はデモの取り締まりと言って、ほんの数日間だけで八〇〇人のデモ参加者の命を奪いました（二〇一三年八月一七日配信「ＮＨＫ　ＮＥＷＳＷＥＢ」）。

軍隊がです。軍隊とはそういうものなんだ。そういうものをもっている者、そこに憲法上の力を、治安出動に出ていくことを憲法の権限として認めるということ、というようなことが書いてあります。これまで自衛隊は一度も銃をもって街頭に立ったり、デモの鎮圧に動いたことがありません。しかし国防軍についてはこのように自民改憲案に書きこんだのです。

それでさっきのところへ戻ると、山の上のトロッコにつけるブレーキにたとえられる暴走停止装置が憲法です。だからなかなか憲法は変えられないようにしておくんです。というので三分の二の議員が賛成し、国民投票で二分の一を取らなければ改正できないとしてあるのですが、自民党の改憲草案は、憲法を変えるときに二分の一の発議でできるようにしています。これまでは三分の二だったでしょう。今度は二分の一の発議にして今までより簡単に変えていくようにしようというわけです。

だから暴走装置を止める憲法が、そうではなくなるなという私の予感が論証できますね。

憲法は暴走停止装置

斎藤　憲法は暴走停止装置、というのはすごく大事なところです。弁護士になるためにはロースクールなどで学びますが、そのときにおそらく誰でも読むのは芦部信喜先生という有名な憲法学者の本（『憲法　第六版』岩波書店）ですね。そこにもしっかり頁を割いているのが、憲法はどういう意味をもつかというところで、国家権力を抑える、権力の暴走を止めるというようなことが書いてあります。その考え方が、自民党改憲草案だと抜けおちているのではないかという不安が凄くあります。

一つは、梓澤弁護士も言う三分の二。たとえば国会の中で過半数を取っても、憲法を変えるためにはもうちょっと高いものが必要だというのは、そこで憲法を勝手にコロコロ変えられてしまう、自分の好きなように変えられてしまうという権力が暴走したときには止められないからなんですね。

他にも表れているのが、たとえばさっきの二一条のところに出ていたように、公益及び公の秩序という言葉、これは本当にすごく大事なところだと思います。暴走停止装置というところに関連してきますが、基本的には、表現の自由は、これまでの規定のされ方だと、権力がどうあっても保障されていて、権力がまちがっていれば、それはおかしいんじゃないかって声を大きくしていくことができるんですが、この表現の自由のところに、公益とか公の秩序が入ることによって、国家権力がマズイと思っている表現を止めることが憲法上許されるようになってしまうんじゃないかと、ここは絶対に問題だと思います。

ですから、皆さん、今日は日本国憲法と自民党改憲草案を比較して勉強してもらっていますが、これからも改憲の論議は高まるでしょう。そのときに、国を制限し、国家権力を止めるための役割があるのが憲法だということは、必ず念頭において、細かい条文の意味とかを考えていくことが重要になってくると思います。

梓澤　憲法というのは不思議な法律で、ふつうは国民が従うのが法律なんですね。国民がその法律を破ってはいけない。たとえば人を殺してはいけない、人の物を盗んではいけないという刑法とか。ところが、憲法は国民じゃなくて、権力をもっている人に向けられています。国民はこれに従いなさいじゃなくて、権力をもっている人は憲法を守らなければいけませんと、これが憲法なんだ。だから他の法律と向いているベクトルがまったく違うのです。

裁判所の役割は？

船橋　でも、このまま成立した安保法制は憲法違反だ、みたいに言われていますが、そこで司法の、裁判所とか、なにか、止めなさいみたいなことを言ったりしないんですか。

斎藤　裁判所の難しいところは、たとえば国が憲法違反をしたら、裁判所がそこに出ていって、おかしいじゃないかという仕組みになっているかというと、そうじゃないんですね。裁判所はあくまで裁判所に誰かが訴えて、具体的な事件になったときにはじめて憲法判断をする、というような考え方が今取られているんです。ですから、憲法違反だということがあっても、じゃ裁判所がいきなり動くかというとそうではなくて、憲法違反があって、それで具体的に不利益を受けた人がいて、その人が裁判所に損害賠償請求だとか、なにかしらの請求をしたときに、じゃあ国がしたことが憲法に適合しているかどうかを判断する、というような仕組みになっています。

梓澤　安保法制については、伊藤真さんはじめ弁護士たちが呼びかけて、原告を募って、憲法違反ではないかということで裁判をしています。

たとえば安保法制に従って、安倍さんが自衛隊を海外に送ろうとするとしますね。そのとき防衛出動命令を出すんですね、自衛隊法に基づいて。で、防衛出動命令に従わない自衛隊員がいたときに、その人、自分はこの命令が無効だと思うから従いません、と言って行かないとしますね。それで自衛隊を解雇されたとしますね。あるいは階級を下げられたと。そのときに具体的に、やっと判断できるというのが日本の違憲立法審査権の今までの裁判所の解釈なんですね。だから抽象的な判断ができないんだという。安保法制違憲訴訟はその壁を打ちやぶろうとしています。イラク戦争のときに自衛隊が派遣されたことは憲法違反だから差し止めるという訴訟が起こされました。プロの法律家たちはずいぶん難しいことに挑戦するなあと敬意をこめつつ見ていましたが、名古屋高裁は自衛隊の行ったことは憲法違反だと判決中に書きこみました(判例時報二〇一五六号七四頁、判例タイムズ一三二三号一三七頁)。

外国には憲法裁判所というのがあるけれど、日本の場合は、裁判所に力をもたせすぎると国民が選んだ代議制が無効になってしまうという考え方があります。しかし、これだけ多数の横暴が目に見えてくると、具体的な事件が起こるまえに違憲の判断ができるという仕組みも必要なんじゃないかな、という気がだんだん、だんだんしてきますね。

戦争が起こったらどうするの？

吉本　もし、中東で今、戦争が起こって、今の安保法案にもとづいて自衛隊を出動すると、そういうことがあったら具体的な判断ができるのですか。

梓澤　そう。具体的な事件になりますね。自衛官の中から私は嫌だという人が必ず出てくると私は信じています。

それと関連しますが、自民党改憲案九八条の第一項（巻末資料参照）には、緊急事態宣言ということが書かれています。

「内閣総理大臣は、我が国に対する外部からの武力攻撃、内乱等による社会秩序の混乱、地震等による大規模な自然災害その他の法律で定める緊急事態において、特に必要があると認めるときは、法律の定めるところにより、閣議にかけて、緊急事態の宣言を発することができる」。二項「緊急事態の宣言は、法律の定めるところにより、事前又は事後に国会の承認を得なければならない」。

それから、九九条のほうにいくと、緊急事態の宣言がされたとき、どういう法律的な意味が出てくるかということが書いてあります。一項「緊急事態の宣言が発せられたときは、法律の定めるところにより、内閣は法律と同一の効力を有する政令を制定することができるほか、内閣総理大臣は財政上必要な支出その他の処分を行い」、この次「地方自治体の長に対して必要な指示をすることができる」。

三項。「緊急事態の宣言が発せられた場合には」、「当該宣言に係る事態において国民の生命、身体及び財産を守るために行われる措置に関して発せられる国その他公の機関の指示に従わなければならない。この場合においても、」……「人権に関する規定は、最大限に尊重されなければならない」。

これなんです。どういうのかというと、九九条の一項では、宣言が出たときには内閣は法律を作れるのです。国会は唯一の立法機関であるという三権分立の原則の大改訂です。それからその法律、内閣が作った法律で指示をしてきたら国民は従う。これはどうかというと、フランスの例が一番わかりやすい。フランスでテロが起きたでしょう。あの後、緊急事態宣言が出されて、さっき言った裁判官の令状なしに捜索・差押えが行われたのが三〇〇〇件。それから逮捕と同じ軟禁という状態に置かれたのが五〇〇件。だから人権は停止するわけです。ちょっと難しい言葉でいうと、国家緊急権という言葉なんです。

国が危なくなったらしょうがないから憲法を止めて、暴走停止装置はトロッコのブレーキをはずして、もう内閣の思うとおりにしよう。……これが国家緊急権です。

国家緊急権の悲劇が極端だった事例は、ワイマール憲法のヒトラーによる悪用です。ワイマール憲法の四八条に緊急事態宣言という条項があった。国会に何者かが火を付けて、これは共産党の仕業だといって、ヒンデンブルクという大統領に迫って、緊急事態宣言を出させた。それでどうしたかっていうと、共産党の活動を禁止してしまった。その後、ナチスは憲法を変えずに、内閣の政令によって憲法を変えることができると、そういう全権委任法というのを作ってしまった。自民改憲案の九八条、九九条に書いてある緊急事態宣言は、本当にこれに似ていると思っています。こういうと「ナチス？　言葉を謹んでください」とか「まさか民主主義のこの世の中でそんなことあるわけないでしょう」という反応がかえってきますが、安倍政権にその気持ちがあるという証明は内心のことだから確かにできない。しかし危ない独裁志向の人物が権力を握ったときのブレーキが利かなくなる条項だということは証明可能なのです。

自民党は政権についてから、本当の争点を隠して選挙をやってきました。世間が「九条は護れ」と言っている間に、緊急事態宣言を出してきて、みんなが問題の本質に気がつかないうちに、さっき言ったように、たとえば、国会の発議が行われ、国民投票が進められることを懸念しています。その際、口当たりのよい環境権や教育無償化の条項とセットにして国民投票に進む可能性も大いにあります。

斎藤　今のところで、法律的なところで補足をちょっとさせてもらうと、自民党改憲草案の九九条の第三項に、いろんな人権、「基本的人権に関する規定は最大限に尊重されなければならない」と書いてあるんですね。ここを見ると、あぁいいことを言っているじゃないかと思うかもしれないんですけれど、これが、実は法律の専門家、よくわかっている人から見ると、ちょっと危ない表現になっています。

というのは、人権がいろいろ保障されるのは憲法に書いてあるわけなんです。ただ、人権がこれまでいろいろ争われてきた裁判で、裁判所が、いろんな対立利益があると、たとえば人権があるといっても公共の福祉は守らなければならないですよね、とかいうときに、この人権をちょっと下げる……保障された人権がなにより優先だ、というところがスタートだと思うんですけれど、それをちょっとこちらも優先しなければいけないよというときに、「人権は尊重される」という言葉を使うんですね。なので、ここだけを見ると「最大限に尊重されなければならない」といって、人権はちゃんと保障されたうえで、この緊急事態宣言に関することがあるんだなと思わせていますが、実際はおそらくこの法律の条文を考えた人が、これまでの裁判を分析して、司法が入ったとしてもこの「尊重」という言葉を使うことによって、人権の価値がちょっと落とされる。対立利益がちょっと上に上げられる。というような表現を、法律の専門家ではないふつうの人たちには絶対にわからないような形で、ちょっと織りまぜている。

これはすごく怖いことだと思っていて、さっき参院選のときにその話題が出たかということもあるんですけど、一番危ないところ、政府にとって自分たちの都合のいいように変えようと思ったときに、こういう形で散りばめられてしまうと、投票する人は絶対に気づかないんです。

この「尊重」という言葉はそういうものなんだなと思ってもらえると、これから憲法改正草案とかを見るときに、より言葉に注意して読まなきゃいけないんだなということに気づいてもらえると思います。

鈴木　その「尊重」というのもそうですけど、「最大限に」というのも、つまり「できる限り」ということですね。

自民党の憲法改正案を見ていると、全体主義的な憲法になりそうな気がします。そうすると、今の国際世論としてこういうのってあまり許されない傾向にあると思うのですが？　アメリカだって反対するのでは？　世界から見たらけっこう危ない行為を日本は、自民党はやっていると思うんですけど、それってなにか対策はちゃんと取っているんでしょうか。

梓澤　二〇一四年の四月にオバマさんが来日したとき、不思議な光景を見ました。その直前、安倍さんは靖国神社参拝をしました。靖国参拝についてアメリカ政府は正式に「失望した」と、ディスアポインティド〈disappointed〉という表現をしました。その後のオバマさんの来日でした。さて、オバマさんと安倍さんは一緒にお寿司屋さんに行った。テレビでも放映されていましたね。そして、食べ終わって、安倍さんの後ろからオバマさんが歩いてくるとき、オバマさんが見せた安倍さんへの視線が「この人は危ない」「危ないプライムミニスターだ」、そういう内面をあらわす視線だな、と私は受けとりました。仲よく歩いているのとは違う、あれ、やっぱり失望感が出ているなと私は思った。

ところがです。それから数ヵ月後に、日本の首相としては二回目でしょう、アメリカの両院議会で演説の機会を与えられました。スタンディング・オベーションされて……。これは論証できないんだけれども、日米間でなんらかの妥協があったと私は考えました。あんまり右のほうに突っ走って、靖国のほうばっかりやっているんだったら、アメリカだって、犠牲を払って今の日米関係を作ったんだから、そんなに黙っちゃいないよと。アメリカの傘の下でおとなしくしているんだったら、どうぞ、どんどん集団的自衛権、自衛隊海外派兵の方向に行ってくださいと。ただし、それはアメリカに歯向かう形では困るよと。それに対して受けいれていくという交渉があって、両院議員総会の演説まで行ったんじゃないかなって私は見ましたね。

あの数ヵ月間の間になにがあったのかという事実やドキュメントは、何十年か経たないと出てこないかもしれないけど、おっしゃるように、今日本の動向というのは、戦前の国際連盟から日本が脱退したような、ああいう方向に、もしかして日本って行きかねないと。

たとえば、核武装。日本の核武装。今の原発の状況からいって、いつでも核武装は短期間でできてしまうから、そういう危険な国に、世界から見て危険な国に、もしかしてなっていくのかどうか、というような瀬戸際にきているんじゃないかと私は危機感を抱いてます。

鈴木　国防軍というのは、それってまさに日米安保の問題ですよね。アメリカが保護する形じゃなくて、まったく別の、国として対等の立場であるということになりませんか？

梓澤　それが安倍さんが繰りかえす「戦後レジームの解消」という言葉の意味だと思う。つまり、心ある人びとが独立、日本というのはアメリカへの従属を解消してもっと独立してほしいというのとは違う意味での独立。世界の脅威としての独立ということですね。

政治に関心がないのはどうして？

松平　皆さん、安倍さん嫌いな雰囲気で盛りあがっているので、安倍さんが好きっていう意見はない？

有村　安倍さんが好きというわけではないけど……どの政党にもよいイメージはもたないですね。というより政治に関心がもてないです。

梓澤　政治にあまり関心がないというのはどうして？　自分のことじゃないような感じ？

有村　まぁそうです。あまり自分に関係なければそこまで考えても……なにか、関係しそうになってきたら少し考えると思います。

梓澤　徴兵制を可能にする憲法という話が出てきてもあまり関係ないと。

有村　徴兵制が実際になるかどうかはまだわかっていませんし、なったらなったで、あ、そうだねって……。

船橋　私、韓国の韓流スターがけっこう好きなので、徴兵制とかは……。アイドルが徴兵に行かなきゃいけないでしょ。徴兵があるとやっぱり戦争が終わっていない証拠だし、それがけっこう……私は女性なんですけど、身近に感じることです。でも、知らない人は、徴兵制が日本に起きるということすらも考えられないのかなというふうにも思います。

斎藤　この緊急事態条項を通しちゃったら、徴兵制なんて通しやすくなるんじゃないですか。

有村　徴兵制ってなにか……いろんな徴兵の仕方があると思うんです。アメリカみたいに志願兵みたいなのがあるし。どういうふうな形で、やるとしたらどうなると思いますか。

梓澤　調べてみると徴兵制を今、実施している国は先進国にそれほど多いわけではありません。しかし海外派兵で犠牲者が出たり、重傷者が多数出たりすると、国防軍が予定している定員が充足できないこともありうる。そういうことになるとやはり、法律で、兵役義務を決めるということをするのではないか。義務によって何歳以上、たとえば一八歳以上は兵役に行かなきゃいけないということを決めるようなことも出てくると思います。

テロや災害は心配だけど……

有村　緊急事態宣言が要るか要らないかという議論で、僕はふつうにあっても仕方ないかなと思って。やっぱりテロとかが起きたときに……テロとかは先ほどおっしゃっていましたけど、人権あっての国家、とはいってもやっぱり、犯人捕まえたいじゃないですか。だから家に入って調べるとか、適当に逮捕しちゃうとか、そういうのもやったうえで、終わった後に補償とかちゃんと、そういうのを憲法で明記して、「補償しなさい」と憲法に書いて、で、それが不十分だと思ったときは裁判を起こしていいですよ、とか。そういうことをちゃんと書いたうえでなら、まぁ、あってもいいんじゃないかなと。

梓澤　はい。そういう意見は人びとの中でもかなり多いと思います。

有村　地震とか、そういうときもちょっと心配。

梓澤　そうですね。確かに心配です。でも、そういう、テロとか地震についての対策は、すでに法律があるんですよ、ちゃんと。武力攻撃事態法という中にテロ対策の法律もあるし、災害のときって、物資が足りなくなるから強い力で集めなくてはいけない条文もある。法律があるのに、なんでわざわざ緊急事態宣言のような強力なものを作るのかってところが、私は大いに疑問です。でも、その内容がわからないままに国民投票でなんとなく賛成しちゃう人が出てくるのではないかなと、深く心配しています。

松平　ちょっと聞いてみましょうか。皆さんはもし投票権があったと仮定したら、これ、憲法改正の発議がされました、行きました。緊急事態宣言に賛成って思っている人いますか？

鈴木　自民党の改正草案そのままですか？

松平　この改正草案のままです。どうでしょう……高校は授業料無償だそうですよ（笑）。抱きあわせセットで、いかがでしょうか。賛成だという人？

鈴木　今日の話を聞かなかったら、そういう人は多いと思います。

中村　でも、緊急事態条項になったらこうなりますというのを、実際にテレビニュースでもワイドショーでも見たことがないので……そういうのは報道しないのかなぁと思うんだけど。とりあえず、自分はなにが起きているのかというのを全部知りたい。

梓澤　そうなんです。知るとか知らせるというのはものすごく大事。ＩＣＣＰＲという国際条約があるんですよ。国際人権規約自由権規約。インターナショナル・コベナント・オン・ポリティカル・シヴィル・ライツ〈International Covenant on Civil and Political Rights〉。ＩＣＣＰＲの一九条にね、表現の自由っていうのがあるんだけど、その表現の自由の一項に、印象的な言葉があります。ふつう表現の自由って言ったら、表現することを保障するという理解がありますね。ところが一項はね、「すべての者は、干渉されることなく意見を持つ権利を有する」とし、続けて二項では、「すべての者は、表現の自由についての権利を有する。この権利には（中略）あらゆる種類の情報及び考えを求め、受け及び伝える自由を含む」とうたっているんですよ。

ということは、私は、こういう今日議論したような憲法改正などは、決めるのは国民一人ひとりなんだ。だけど決めるにあたって情報は全部与えられていなければいけない。安倍さんみたいにね、隠すのはやっぱりどう考えたっておかしい。

ヒトラーは暴力をかなり使ったし、政敵の命を奪ったり、投獄したりしています。安倍内閣はこういう種類の暴力を全面的に使っているわけではない。しかし、本当のことを伝えない、あるいは真の争点を隠す、きつい表現でいうと「嘘」を言うという点ではね、これは国際人権規約でいっている精神に大いに反している。すなわち、人びとの知るという人権を大いに侵しているという点で。

だからこれ、決めるのは皆さん、私たち一人ひとり。だけど情報はちゃんと流通しないと困る。中村さんの言うとおり、テレビでももっと取りあげてほしい。

中村　なにか、憲法を改正したいというときでも、改正したらこんなことがあって、こういういいことがあって、こういう悪いことがあって、というのを言ってくれれば……。

船橋　それも重要なことだと思うんですけど、でも実際にそういうふうに話しあえるというか、そういう環境というのがあまりないです。学校の授業でも今日みたいに細かくはやったりしないし。あと、なんて言うんでしょう、あの……貧困層というか、生活に余裕のない人は多分ニュースとか見ないし、経済的な理由というのが、考えないで投票しちゃうことにつながっているように思います。知ることもすごい大事だと思うけど、それよりもちゃんと理解できる人を増やすのが先なんじゃないかなというふうに思う。

梓澤　なるほど。まったく同感です。

高校生や中学生がずいぶん自分の頭で考えていること、年長の弁護士にもばんばん異論反論をぶつけてくる率直さをもっていることに励まされました。私の意見や危機意識はまだ少数派ですから、むしろ「いや違う」というこの世代の意見をもっと聞いてみたいと思います。今日の議論がそのきっかけになればと思います。

第三章　国家緊急権はいらない

自民党改憲草案九八条、九九条は、緊急事態条項を掲げている。これは憲法の教科書では国家緊急権と呼ばれる。その定義を掲げておこう。

戦争、内乱、恐慌、大規模な自然災害など、平時の統治機構をもっては対処できない非常事態において、国家の存立を維持するために、国家権力が、立憲的な憲法秩序を一時停止して非常措置を取る権限を、国家緊急権という。

（芦部信喜『憲法　第六版』岩波書店　二〇一五年）

自民改憲案の九八条、九九条はこの国家緊急権を、改正された憲法の中にもりこむことを提言している。

次の四点の問題がある。

①内閣に法律と同じ効力をもつ政令を発する権限すなわち立法権を与える。
②内閣政令には国民が服従する義務をうたい、そのことによる人権制限を認める。
③地方自治を奪う権限を内閣に与える。
④決め方、期間無制限など手続き的にも問題が大きい。

①②③のような重大な憲法停止の権限について国会の事前審査を求めず、内閣総理大臣の宣言だけで開始できる仕組みである。また、いつ終了するかを内閣と多数党の結論にゆだねている。裁判所に申し立てて差し止めしたり、終了することができない。

これは一時的な国家改造である。このような国家構想がなぜ必要だというのか。前述の定義の中にも上がっている災害とテロ対策の要請が首相、自民党から強調されている。

憲法に緊急事態条項は必要なのか。進んで、それはなにをもたらすのか。この章ではそれを考える。

第一節　大災害を理由とする国家緊急権必要論の検討

A――現行法体制で十分であるから国家緊急権はいらない

自民改憲案Q&Aは平常時のみならず緊急時に、国民の生命、身体、財産を守る大災害に備えることが国家の最も重要な役割とし、緊急時の中に災害が含まれるものとしている。では大災害のときになぜ国家緊急権が必要なのか、その理由は挙げていない（同Q&A三二頁）。すでに施行されている災害対策の法律のほかに首相と政府に強力な権限を与え、中央集権的な独裁体制を作らなければ、災害の防止、救援、復興に役立たないという考え方である。

そこで現行の法体制がどんなものかを見る。そのうえでその法体制が災害の防止、救援、復興のため不十分かつ無力なものなのかを検討したい。

現在の災害法体制の基本法は災害対策基本法である（以下災対法という）。この法は伊勢湾台風という戦後最大の台風災害の後にその救援、復興の体験をしたボランティア、自治体、国の体験をもとにし、政府提案で国会審議され、一九六一年一一月施行された。

その後、阪神淡路大震災、東日本大震災の経験を経て大きな改正が行われた。

現行の災害対策基本法の特徴と仕組みの概略は、次のようなものである。

災対法は市町村等を基礎自治体として、都道府県はこれをバックアップし、さらに都道府県の足らないところを国が補うという構造の法律になっていて、被災する住民に直接対応する市町村の規定が強く、「下からの」救援を重要視する仕組みとなっている（災対法五条、四条、三条に規定された政府、地方公共団体の責務）。

大災害に国家緊急権が必要かという論点を考えるために、同法の条文や逐条解説の注釈書を参照してみると、同法の大きな柱は次の三点である。

第一は、防災である。大きな災害が頻繁に起こるこの国の防災のための組織や計画について、市町村、都道府県、国、指定行政機関、指定公共機関に体系的準備を義務付けた。

第二は、災害が起こった場合の応急、救援、秩序維持につき地方公共団体と国のとるべき行動の義務付け、相互の権限調整、相互応援などにつき定めた。この柱では同時に災害救援に必要な関係組織、企業、職務従事者への指示、住民への避難指示など民間人の権利義務制約にかかわる事項も規定された。

第三は、災害復旧における地方公共団体と国の責務、権限調整、財政措置などの手当ての規定である。

災害を理由とする国家緊急権必要論の検討のためには、第二の柱すなわち災害応急対策につき、法律がどのような準備をしているかが重要なので、ここに立ち入っておきたい。
災害応急対策（災害発生のときの情報伝達、拡散、被害者の救援、避難など対策のこと）について法は次の準備をしている（防災行政研究会編集『逐条解説災害対策基本法』二五四頁以下）。以下本書の趣旨と関連する主な条文を要約して示す。

1　事前業務　救援業務

気象予警報、災害予警報、警告などの発令及び伝達、被災を認識した組織、個人の通報義務などを規定している。

市町村長に従前の法律の不備を補い、すべての災害に備えた避難のための勧告、指示の権限を与えている（災対法六〇条）。警察官、自衛隊の部隊、消防関係者の執行権限を明確にしている。

市町村長の避難勧告、指示、都道府県知事の避難勧告、指示とその執行について、消防、警察官、派遣された部隊の自衛官のなすべき職権限についても具体的規定がある（災対法六〇条、六一条、六四条ほか関連法規）。市長村長は生命身体に対する危険の防止のため警戒区域の設定をし、立ち入り禁止、退去命令を出す権限があることについても規定がある（災対法六三条）。

市町村長、都道府県知事には、災害救助、被害拡大のため民間人、指定公共機関に所属する者に対する業務従事命令などの権限があることも明らかにされている。

災対法は、災害に直面した市町村や都道府県が他の地方自治体に対して応援を要請することもでき、正当な事由がない限りこれを断ってはならないとして公共団体同士の協力義務もうたっている（災対法六七条、六八条）。都道府県知事の災害救援関連職種の従事者に対する職務従事命令の規定も具体的である（災対法七一条）。

2　災害緊急事態の布告（災害対策基本法第八章）

災対法には関東大震災級の大災害がおこったときに、緊急事態を布告して国民の権利制約をも含む措置をとる規定がある。

この規定がどのようなときに発動され、国民の権利にいかに影響するかを見ておくことは、災害を理由とする国家緊急権の必要性を考えるうえで重要である。

国の経済及び社会の秩序に重大な影響を及ぼすほど異常かつ激甚な災害が発生したときは、内閣総理大臣は閣議にかけて災害緊急事態の布告をすることができる（災対法一〇六条、逐条解説四七六頁）。この布告がされると緊急災害対策本部が設置される（災対法一〇七条）。

布告が出された時期に、国会が閉会中であるか解散中であって臨時会や参議院の緊急集会（憲法五四条）を求めるいとまがないときは、内閣は緊急政令を定めて次の措置をとることができる（同法一〇九条）。
①生活必需物資の供給制限（同法一〇九条一項一号）。
②物の価格、役務の供給対価につき最高額に制限をかける（同法一〇九条一項二号）。
③金銭債務の支払いの延期（同法一〇九条一項三号）。

国会にかけず内閣の閣議で、国民の財産権の一部を制限することができるとする。こうした強い権限を国にもたせることで経済秩序を維持するため、買い占めその他災害につけこんだ不当な経済活動を防止しようとしたものである。

国家緊急権を加えて国に強い権限をもたせようとする人びとは、この規定では不足だという。それは財産権の制限では足りず表現の自由、集会の自由、知る権利などの精神的自由権に制約を加え、中央集権的な権力と沈黙させられる国民によってしか秩序は保てない、との主張と受けとらざるを得ない。

B――災害救援は中央集権でなく下からの力で

災対法は伊勢湾台風（一九五九年）の経験を受けて成立し、阪神淡路大震災（一九九五年）を経て大きな改正がされた。一つひとつの条文には災害の犠牲から学んだ教訓がにじんでいる。

自然災害の発生した地の住民、市町村など一線の自治体に基礎をおいた、下からの災害対応の構想が貫かれている。法の成立と大改正の基礎となった、伊勢湾台風と阪神淡路大震災の経験を振りかえっても、また東日本大震災を経験した自治体や住民の中からも国家緊急権の必要性などは導きだされないことを、ここに明らかにしたい。

イ　伊勢湾台風の被災救援活動から

伊勢湾台風は一九五九年九月二六日紀伊半島、愛知県、岐阜県、富山県を襲った。戦後最大の被害をもたらした台風で六四四七名の死者、行方不明者を出した。とくに名古屋市を中心とする愛知県の被害は甚大で、名古屋市南部地域では高潮、豪雨、暴風被害から家屋倒壊、長期の浸水、流木などの被害が目立った。

愛知県内の大学の被害、学生の被害が大きかったことから大学生、高校生の被災救援活動への立ち上がりが目覚ましく、住民と自治体、マスメディアの関心を呼んだ。

この活動に従事した当時、愛知県学生自治会総連合の責任者だった森賢一氏からのヒアリングや学生が発行した『伊勢湾台風―被災学生を守る会』（被災学生を守る会編集委員会編　自家版　一九六〇年）という書籍などから被災救援活動の一端を記しておきたい。

同書では、豪雨と洪水に襲われて家族が生命の危険にさらされる様子、高潮を防ぐ防波堤が無残に破壊された写真、四ヵ月にもわたって浸水が引かない名古屋市南部地区の様子、救援活動に乗り出した学生が住民をドラム缶で作った急造のいかだで運ぶ様子が写真と学生のルポ、小中学生の作文などで紹介されている。現地の体験なしには語れない災害被害の実情である。台風による豪風雨被害の状況を前掲書に掲載された当時の小中校生、高校生、大学生の手記から抜粋しておこう。なお書籍には実名が記されているが発行時点が六〇年前でもあり私家版の書籍なのでイニシャルで筆者を記すこととする。（　）内の記述は著者による。

椙山女学園高校I・Cさん。

「台風の日」忘れもしない（九月）二六日荒れ狂う風雨の中をおばあさんの家へと商品を運び続けた。その夜私は台風など気にもとめず、あくる日に間に合わせるための洋裁をやっていた。少しすると父が腿のところをひどく傷ついて入ってきた。と同時に「もうじき堤防が切れる」と言い終わらないうちについに水は家の中へ入ってきた。父が「家が流されてもみんな一緒に流れるように」と、太い「はり」になわを幾重かにして、それにつかまっていたが、そのまま流されたらみんな助かったかもしれなかった。だが運が悪かったのだ。家はそのまま荒れ狂う海の中へと沈んでしまった（一家は屋根裏に閉じ込められていたので）。

父とおじさまは、一生けん命屋根をこわしていた。作ったばかりの家だというのに、私が出ることができるくらいの小さな穴が開いた。私はすばやく屋根へ出た。と思ったのもつかの間、妹二人とおばあさんの五人の姿を見ることができなかった。その夜は荒れ狂う嵐の中で寒さをこらえ助けの来るのを待った。明け方助けられ、水の中ではあるが近くの被害の少なかった家に落ち着いた。一週間くらい泣いて暮らした。気持ちが落ち着くにつれ、思い出されるのはなき妹のことばかり。いまだに水につかっている十四山（地名）。

今母はどのような生活を送っているだろう。堤防はいつなおるか。あのおそろしい大暴風の夜からもう一ヵ月もたとうとしているのに。

名古屋市立保育短期大学「救援記録」（前掲書五三頁）

（避難所である）金城小、城北小、光城小、清水小、名北小、六郷小、の炊き出し参加、人数五五五名、一〇月五日から一五日市内各地の小学校にて炊き出し、衣類整理、被災者世話、罹災証明書発行事務、罹災者見舞金事務　延べ人数一三四〇名。

十月二日からはじめた義援金活動も予想外の好成績で日を追って金額が増し、目標を上回る二七万五八二六円という驚異的な成果を生んだ。自分たちの手で被災者に渡そうということで、身近な医薬品と女性の立場から必要なものをというわけで前記のような体制を整え一二〇〇袋現地へ配分した。この品物を非常に喜んでくれたということは私たちを感激に浸らせたのである。

次にわかるのは、名古屋市内の学生の救援活動である。名古屋市立大学、愛知県立女子大、愛知学芸大学、名古屋大学、南山大学、椙山女子学園大学、中京大学、日本福祉大学などの学生が、それぞれ一〇〇〇人、五〇〇人、一五〇〇人という単位で、合計すると延べ二万人を超える学生たちが救援に乗りだしている。教育委員会、学校のルートや自主的な高校生の活動の結果、延べ二〇〇〇人の高校生が堤防の決壊箇所を防ぐための作業に出動した。前掲書にはその写真も掲載されている。

行った活動は、食料品の避難所への運搬、薬品配布、衣類整理、二〇〇〇人分の食事つくり、家具引き上げ、がれき整理、衣類整理、いかだ漕ぎ、ボート手伝い、街頭募金などである。一番過酷なのは溺死した被害者の遺体の引き上げ運搬であった。変わり果てたご遺体の描写も出てくる。

「名古屋市立大学学友会救援活動報告書」（前掲書六一頁）

（十月二日）今日も救援隊を志願した者がぞくぞくとやってきた。朝早くから白衣をまとい、消毒に出かける者、ボートの漕手に志願した者、区役所へ手伝いへ出かける者など、本部ではその名を記入するのに忙しい。特に張り切って本庄中学へ出かけた者は医学部が多いようだ。薬学部でも数名が志願した。（略）死体運搬、文字を見ただけで気持ち悪くなるようなところへ進んで志願してくれる学生がとても多い。（略）本部待望の死体処理運搬班が送られてきた。間髪を入れず、様子をたずねる者、答えながらもあの仕事は嫌だとそのむごたらしさをジェスチャーを交えて語る者、すぐ消毒液で手を洗い、にぎり飯を頬張る者。忙しかった二日目もやっと終わりが近づき落ち着いてくる。（略）九日、授業が始まり、市から要請があり、授業を捨てて消毒班が一日一クラスずつ出発した。南陽、富田町方面の消毒である白衣をまとい、ＢＨＣや石灰で顔中真っ白になって一日中散布し続けた。その延べ人数約五〇〇〇人。前の活動とあわせて一五〇〇〇人の学生が救援活動に参加したのである。わずか五〇〇〇人の我々の学校で、一五〇〇〇人の学生が活動したということは全員一人ひとりが三回ずつ参加したことになる。

前述した森賢一氏によると、学生たちは汚物や犬、猫などの動物の遺体が流れてくる泥水の中を歩いて救援のために移動した。自治体は、当初はこうした学生ボランティアを受けとめきれず、せっかく支援のために集まった大勢の学生が支援現場に行かれずに待たされたが、やがて名古屋市や愛知県の自治体では、自衛隊に要請して、トラックの後部の荷台に学生ボランティアが乗り込んで現地に向かえるようにしたという。

また、救援活動のため休講や試験延期の措置をとる大学が多かった。

驚くのは名古屋大学教養部や愛知学芸大学などでは災害数日後にあたる一〇月上旬に複数回にわたり、一〇〇〇人規模の学生大会が行われ、救援方針の討議を行っていることである。東京、大阪などからも支援の学生が駆けつけているとの記述もある。

急性期の二〇日間、延べ二万人を超す学生たちは夢中になって動いた。市役所、県庁、自衛隊員などの公務員に見られる悪しき平等主義などへの学生たちの批判の言葉もある。

前掲書掲載。名古屋地区大学懇談会記録。

一九六〇年一月二七日。愛知文化地下食堂にて、各大学の学生、愛知県当局、名古屋市当局、大学教員有志、合計一二四名が参加して救援活動の総括会議が行われたとの記録が掲載されている。その中にいくつか注目すべき学生の発言があった。

学芸大・九月二七日。「『県救援隊を送ったが、組織がないから帰れ』と言われた」。名城大学「最前線には学生が真っ先に行ったと記録しています」。名大・教養部「学生が死体収容を善意でやっているのに、昼飯を出すからタバコを飲ますからという態度で接してもらいたくなかった。学生の善意を踏みにじっているようで腹が立った」。名城大学「われわれの自治会で八事の火葬場へ仕事に行ったが、一人あたり四五〇円出すと言われたときには腹が立った。金銭ずくで問題に問題に取り組んだんではないことを認識しておいてほしかった」。福祉大「(九月二六日の災害発生後の五日後である)九月三一日、市役所の手伝いをし、仕事の面で矛盾を感じた。あの大切な時期に配給ルートが全然確立していなかった。自治会で十月二日から南区の丸海町で相談所、尋ね人、医療分配、子どもの世話など独自の活動をしたが、自衛隊の活動とわれわれとの活動とは本質的に違う、(略)上官の命令だと言って、被災者をボートに乗せるのを断ったり、自発的な血の通った活動ではなかった」。

巻末には名古屋市、愛知県、名古屋市内の各大学、学生自治会ほかの学生団体による救援活動総括のための大学懇談会と大学教員による救援活動の実態調査レポートが掲載されている。何万の家屋決壊に至らずにすんだのではないか、復興は最底辺に生きる人びとに十分届いていないのではないか、防災のための予算措置も不十分ではないかという批判で締めくくられている。

災害対策基本法には災害警報の充実や市町村、都道府県同士の応援と連携、避難措置のための権限配分が書きこまれているが、これらの条文は伊勢湾台風の甚大な被害と公的機関の反省、ボランティア救援に立ちあがった大学生、高校生たちのほとばしるような共感の情熱が反映しているのである。伊勢湾台風の防災を研究する専門家、都道府県、市町村の公的文書に強権的・中央集権的な法的措置を要求する文言は見られない。

ロ　阪神淡路大震災の経験とボランティア活動

阪神淡路大震災は一九九五年一月一七日に発生した。神戸、芦屋など阪神地区と震源である淡路島に被害を発生させた。地震による被害は一九九六年一二月現在で死者六四二五人、行方不明者二人、負傷者四万三七七二人、住宅被害は全壊一万一四五七棟、半壊一四万七四三三棟、避難者は最大三一万人を超えた（前掲逐条解説災害対策基本法　一五頁）。

災害対策を研究する吉井博明東経大名誉教授は、大都市を襲ったはじめての大地震であり、その当時としては戦後最大の犠牲を生んだが、ボランティアが将来に明るい展望をもたせてくれたとの趣旨の論文を発表されている（『都市総合研究』第五七号　一九九五年　一二五頁掲載高梨成子・吉井博明「阪神淡路大震災におけるボランティアの活動と今後の課題」）。

この論文に引用された兵庫県福祉部資料によると、一二〇万六〇〇〇人のボランティアがこの震災の救援に駆けつけ、物資搬出、搬入、炊き出し準備、地域活動などに従事したとされる。

一九九五年といえば前年に松本サリン事件が発生し、この地震の年の三月に地下鉄サリン事件が発生した年であった。ソ連、東欧の社会主義体制が一九八七年に崩壊し、一九九三年の国連世界人権会議、一九九五年の国連世界女性会議など人権運動が新しい高揚を見せている時期でもあった。この状況の中でのボランティア活動である。

前掲論文でもボーイスカウト、赤十字、ＹＭＣＡなど災害救援に実績をもつ団体に加えて、ピースボート、ＡＤＲＡ、ＡＭＤＡなどのＮＧＯの活動が指摘されている。

筆者は、所属する青年法律家協会の呼びかけで、地震発生二週間後に現地に視察に赴いた。二〇人ほどの弁護士の集団であった。神戸市長田区、芦屋地区という大都市を一瞬で破壊した地震のすさまじさを目撃した。

長田区では地震による建物破壊のほか火災も発生したことから地域一帯が焼け焦げ、また木造の損壊家屋はまったく原型をとどめず、木材が積みあげたようになっていた。

長田区の公園には全国から集まったボランティア団体のテントが並んでいた。ピースボートのテント前の光景は印象的だった。

二〇歳ほどの小柄だががっしりした青年が、両手を自由にした状態で無線機のスピーカーバンドを頭に巻き、次々に入ってくる連絡に「次はどこ、何名くらい、どこそこの避難所へ何名、今、到着した△△県からのボランティアは××避難所へ、港に届いた自転車一〇台を受けとりに何人が向かってほしい」というような瞬間瞬間の指示を飛ばしていた。少しゆとりが出たときにその青年に聞いてみると、ここ一週間くらい二時間ほどしか眠っていないということだった。目がきらきらと輝き、疲れをまったく感じさせない。彼の周りも同じくらいの年齢の若者たちが立ったままの姿勢で昼食の支給をうけて食べていた。

その中で「さっきからあなたは聞いてばかりいるけど、なんの仕事をやっているのか」という質問をする青年がいた。職業を自己紹介すると「なんで弁護士がこんなところにいるのか」と不思議そうな顔で聞いてきた。

公園には宗教団体のもの、医療ＮＧＯのもの、さまざまな団体のテントが並んでいた。私は外国人の人権に取りくんでいるところから、アハマーディア・イスラムというイスラム教の中でもマイノリティーである宗教団体のテントに関心をもった。外に立って大きな鍋に炊き出しのスープをふるまっているパキスタン人かバングラデシュ人に見える男性に話しかけた。アハマーディア・イスラムは災害地に一番にのりこみ緊急援助をすることを信条にしているのだという。この長田区の公園にも市民団体では一番に到着したと言っていた。

自衛隊が出動していると聞き、どんな活動をしているのか興味があって自衛隊員のいる場所を訪ねてゆくと、給水車がおいてあり、隊員がカーキ色の軍服とヘルメットに身を包んで立って番をしており、避難の市民がバケツを下げて水をもらいにくると給水車の蛇口をひねって給水していた。

次に近くの避難所を訪ねた。小学校の体育館には数百人の市民が避難をしていた。お互いの仕切りはまったくない。満足な食事は支給されない。赤ちゃんをつれて避難している人たちが周りを気にしている。排泄の設備が満足でないとの苦情が出ていることなどを、支援のボランティアの人たちが伝えてくれた。避難所の運営について、ボランティアが調整役になっているとの話も聞いた。

ボランティアは、行政機関では届けきれない被災者の救援を専門性や若者の情熱で解決している、という実感をもった私の被災地経験だった。

こうした活動には社会の注目と支持もあつまり、一九九五年の災害対策基本法にはボランティアによる防災活動の環境の整備、過去の災害から得られた教訓を伝承する活動の支援、その他国民の自発的な防災活動の促進、という言葉が明示的に書きこまれた（災対法八条一三号）。

その当時では最大の震災被害と大きな救援活動の体験を経た法改正の中でも、市町村を第一線の公的団体とする法の構造には変更が加えられなかった。そしてボランティアという市民の手による救援活動と行政が連携するということが法に盛りこまれ、ボランティア活動に法的な根拠が与えられたのである。自衛隊の災害派遣出動も今までにない規模で行われた。しかし、このことに伴い中央集権的な救済機構を設置すべきだ、との主張は誰からもなされなかった。

ハ　東日本大震災の経験もまた国家緊急権の創設を導くものではない

東日本大震災は、地震、津波、原発爆発による原子力災害の複合災害となり未曽有の被害をもたらした。死者行方不明者は一万八四四六人、建築物の全壊、半壊は四〇万一八八五戸に及んだ。避難者の数は、震災発生から六年経過した本書執筆時点でも一二万三一八六人に及ぶ。避難者の数が多く、避難の長期化がみられるのも福島第一原発の事故発生に起因している。

この大災害を受けて災害対策基本法は二〇一二年、二〇一三年の二度にわたり改正された。この法改正では、未曽有の被害、避難体験、救災体験を受けてさまざまの改正が行われたが、市町村を基礎自治体とする災害の救援を行うこと、都道府県をそのバックアップにおくこと、国が調整機能をはたすという法の基本理念には変更修正は加えられなかった。この大災害の中でも暴動、略奪などという基本秩序を危殆に陥れるような事態は発生せず、経済秩序維持のための災害緊急事態の布告（災対法一〇五条）もなされることはなかった。

つまり災害発生を理由とする国家緊急権必要論を支える事実は起こらなかったのである。

日本弁護士連合会が被災三県（岩手、宮城、福島）の三七市町村に行ったアンケートがある（二〇一五年九月実施）。一四市町村から回答があった。本書のテーマに関連して興味深い回答であった。次のような結果である。

問　災害対策、災害対応について市町村の権限は強化すべきか、軽減すべきか。
答　権限強化　六自治体
　　現状維持　一七自治体
　　権限削減　一自治体
問　災害対策、災害対応について（たとえば市町村が主導して国が後方支援する。あるいは国が主導して市町村が補助する）。
答　市町村主導　一九自治体
　　場合による　三自治体
　　国主導　一自治体
　　未回答　一自治体
問　災害対策、災害対応について　憲法は障害になったか。
答　障害にならない　二三自治体
　　障害になった　一自治体

「障害になった」の回答内容は財産権だった。東日本大震災の瓦礫の対応の際に起こった（著者注：個人所有の家屋が地震、津波で被災して瓦礫になった場合、その瓦礫についてでも個人の所有権は及ぶ。憲法二九条には財産権保障があるため、瓦礫の廃棄の際に、家屋の所有者一人ひとりに廃棄につき同意や保障が必要となるため、煩瑣であって瓦礫処理が遅れたという趣旨の回答だと思われる。しかし、災害対策基本法六四条二項により、自治体に被災家屋の瓦礫処理は、家屋所有者のいちいちの同意なくできる。この回答には、この条文への注目がないと思われる）。日弁連のアンケート発表文書の注でも災対法六四条二項の条文で対応できるとしている。

被災自治体の回答は住民の意向を反映していると思われ、災害を理由とする国家緊急権の導入論への有力な批判材料となる。

東日本大震災を経過して開かれた中央防災会議防災対策推進検討会議の議論も紹介したい。同会議は災害対策の専門家と防衛大臣、国家公安委員長など治安関係も含む関係省庁の大臣が参加し、災害発生の二〇一一年から二〇一二年にかけて一〇回行われた。二〇一二年七月三一日に最終報告が発表されている。報告書には細部において注意を要する記述もあるが、参照すべき知見も多々あった。中でも結びに関心をもった。

我が国では、近い将来南海トラフ沿いで発生する大規模な地震や首都直下型地震などの大災害が発生することが懸念されている。本最終報告を当面の我が国における防災対策のグランドデザインとして、これらの大災害が生じた場合にも被害を最小限に抑えるとともに、速やかな復旧、復興を図ることができるよう、世界全体で体制を整え、大災害に想定に悲観することなく、国民、特に次世代を担う若者たちが将来に明るい希望を持てるよう、防災対策を進めるべきである。

（「防災対策推進検討会議最終報告」第四章結び　二〇一二年七月三一日）

南海トラフ沿いで発生する大規模な地震、首都直下型地震が想定されるとして、これらの大災害が生じた場合にも被害を最小限に抑え、速やかな復旧、復興を整えることができるよう次世代が明るい希望を持てるような防災対策が必要だというのである。

この結びへの筆者の関心とは次の二点である。

第一は、次の大災害への備えは防災だという強調である。すなわちここには、治安維持の発想は強調されていない。多数の命の犠牲を受けて、この犠牲を繰り返さないという気持ちが盛られているということである。防災教育、防災訓練の必要性、自治体同士、ボランティアと自治体の連携、長期化した住民避難の痛苦の体験が、やはりいやおうなしに反映しているのである。この防災優先という発想からすれば、首都東京の機能の地方への大幅な移転や人口の首都集中を避け、大胆な補助金導入、租税措置などにより人口分散を図るべきである。これを今すぐなすべしとの防災研究者の血の出るような提言（平田直『首都直下地震』や石橋克彦『大地動乱の時代』いずれも岩波新書）とはまったく逆の首都一極集中が進んでいる。この事態はなんとかしなければならない。

こうした視点から見れば、災害への応急態勢に強権的中央集権化を図るため、国家緊急権の導入をすべしとの議論は説得力がない。

防災会議への第二の関心事項は、自然災害による原子力災害への言及がないことである。南海トラフ沿いには浜岡原発（静岡県）、伊方原発（愛媛県）、川内原発（鹿児島県）などの原子力発電所がある。石橋克彦教授は浜岡と伊方の再稼働を無謀だとしている。南海トラフ地震が起こったときには、首都の方向に風が吹けば首都喪失の事態になりかねない、伊方の三号機が事故を起こせば四国、九州、中国地方のほぼ全域に放射能をまきちらす危険があるという（石橋克彦『南海トラフ巨大地震』岩波書店、二〇一四年、一九二頁～一九三頁）。ここに想定されているような大地震と大津波が前記原発を襲ったら住民の健康、地域の経済、いや日本の経済そのものが極端な疲弊と困難にみまわれることは避けられない。国家緊急権の議論より、この対策のほうが著しい優先度があることは明白である。

「ショック・ドクトリン」という言葉を広めたナオミ・クラインの言葉をここに記しておきた

い。

自力で復興に努める人々には共通する重要な点がある。彼らは異口同音に自分たちはただ建物を修復しているだけでなく、自分自身をいやしているのだと言う。（略）大きなショックを体験した者は誰しも、とてつもない無力感に襲われる。（略）この無力感から立ち直る何よりの方法は、助けること――皆で力を合わせて再生のために汗することだ。（それは）惨事便乗型資本主義複合体の対極にある精神だ。後者はモデル国家を建設するために常にまっさらな白紙状態を求める。

（ナオミ・クライン『ショックドクトリン』岩波書店　六八〇頁）

第二節　テロ防止と国家緊急権

国家緊急権必要論の理由としてテロ防止が挙げられる。この立論は、テロが発生する理由から目をそらしているので、本書は賛成できないという立場をとる。二〇〇一年九月一一日のアメリカ合衆国への大規模テロ以来、世界で発生した大規模なテロは、欧米各国によるイラク、アフガニスタン地域への侵略的な攻撃が原因である。

存在しないことが明らかなイラクの大量破壊兵器の所持を理由とするアメリカと有志連合軍のイラク攻撃によって、イラク人は一〇万九〇〇〇人が命を奪われ、うち民間人は六万六〇〇〇人にのぼった（日本経済新聞二〇一〇年一〇月二三日付）。

他国への武力攻撃に根拠がなく、民間人をこれだけ殺傷したのであるからこれは戦争犯罪である。しかしこの戦争犯罪のトップに立つブッシュ大統領の責任は一度も問われていない。打倒されたフセイン政権の基盤をなしていたイスラム教スンニ派の一部がアルカイダ、イスラム国という集団を構成していることは今や明確である。侵略戦争による大規模な生命の剥奪を不問にして、スンニ派イスラム過激集団の反撃行為をテロと呼ぶことに私たちはならされてしまっている。アルカイダ、イスラム国という組織と反撃行為の地理的な拠点を爆撃や地上軍の派遣で攻撃するのでは、テロを根絶するどころか世界中にその種をまき散らすことになる。欧米でも日本でもテロを発生させないための最上の対策は、アメリカの中近東政策から距離を置き、イスラム国支配地域への爆撃、地上軍派遣に後方支援、経済的支援を含めて一切手を貸さないことである。この点を不問にしておいて、取り締まり当局の権限を拡大したり、独裁をもたらす国家緊急権を憲法に盛りこむのはあまりにバランスを欠く行為である。

では、フランスで発生した二〇一五年以来のホームグロウン・テロリスト（移民、難民の子孫で移住先の環境の中で、不満を募らせて、テロに走る人びとのこと）はどうなのか。同様の危惧は日本でもあるのではないか、との問いについてはこう考える。

フランスでテロに参加した青年たちは、アルジェリアなどフランスの旧植民地から移住してきた移民の子孫であるとされる。フランス社会は、イスラム教徒という外見だけで差別の視線を向けた。その典型が、公的な場でスカーフで頭髪を覆う行為を禁止した法令などである。これは法令として存在するだけでなく、就職や街頭ですれちがうときの差別的視線につながる（この状況について内藤正典、中田考『イスラームとの講和』〔集英社新書〕は体験に基づく観察を加えていて説得力があるので参考にされたい）。言いかえるとフランスは旧植民地出身のムスリムを社会からはじきだし、その青年たちから生きてゆく希望を奪ってきたのである。テロという暴力は絶対に肯定できない。しかしそれをなくすにはどうしたらよいか、という思索のためにはこの点を落とすことはできないのである。

日本でも警察は、二〇〇八年の北海道洞爺湖サミット開催の年にモスクに集まるムスリムを尾行し、身辺調査をして在日外国人イスラム教徒の九五パーセントの氏名、住所の一覧表を作成した。これは公権力がイスラム教徒すべてをテロ予備軍とみて、危険人物視したということである。捜査機関だけでなく裁判所も同様であった。このような尾行調査は違法であると主張したムスリムの人たちが起こした国家賠償裁判で、裁判所は違法捜査を批判する一文を一言も書かなかった。このままでは旧植民地出身者ムスリムに差別の視線を向け、ムスリムを社会に統合できなかったフランスのまちがいを繰りかえしかねない。

以上のように考察を重ねたうえで、歴史の経緯を大局的にみるならテロ防止の最良の道はイスラム教徒への差別をやめ、アメリカの起こす中東での戦争に参加しないこと、かつまたこれを支持しないことである。

この観点に立って参照したいことは、イラク戦争開始までのいきさつとスペインで起こったテロとその後の展開である。スペインは、アメリカとイギリスによる二〇〇三年のイラク攻撃をいち早く支持した。一四〇〇人の治安維持部隊をイラクに送った。そして、二〇〇四年三月一一日、スペインの首都マドリードで爆弾テロが起こった。一九一人が死亡、二〇〇〇人以上が負傷した。

スペインではイラク戦争開戦前、大規模な戦争反対デモが起こっていたが、スペインの政権はイギリスに並んで積極的にアメリカを支持する立場を表明した。スペイン国内ではイラク戦争への反対運動が広がり、野党も戦争反対と派兵の取りやめを要求していた。総選挙の直前にテロがあり、当初は国内のバスク独立運動のテロかと疑われたが独立運動側が否定、警察もこれを否定していた。犯行後、イスラム過激派系の団体が犯行声明を出し、その中でイラク戦争に参加するスペイン政府を非難する言葉があったところから、一挙に戦争支持を表明していたアスナール政権への批判が高まり、総選挙では与党は大きな敗北をした。政権交代した社会労働党のホセ・サパテロ政権は、イラクからの撤兵を行った（以上の経過はインターネット上の記事、論評と「朝日新聞」二〇〇七年三月一四日付朝刊を参照した）。以降、イスラム過激派によるテロは、スペイン国内で起こっていない。

アメリカの新大統領トランプは、ムスリムの入国禁止を選挙期間中に強調した。就任演説の中でもＩＳ（イスラム国）への軍事行動強化を示唆した。安保法制（戦争法）で世界中への自衛隊の派遣に法的な道（違憲は明白だが、ここでは論証に筆を割かない）を開いた日本に対して軍事行動への参加圧力を求める蓋然性は強い。この圧力に抗する政治の力、民衆の力を作ることこそ日本国内でのテロを防止する最大の対策である。

また日弁連は二〇一七年二月一七日の意見書において、現在すでに成立施行されている治安法制の概要を挙げている（巻末資料日弁連意見書添付別紙三参照）。この法制すべてに本書が賛成するわけではないが、少なくともテロの予防、捜査にこれで不十分であることはないのであって、テロ予防取り締まりのため国家緊急権を必要とする自民党などの論者は、テロ防止を口実として独裁と国家の強権をもたらす国家緊急権を要求している、と見ざるを得ない。

対談　緊急事態条項の問題点を衝く　清水雅彦・梓澤和幸　二〇一六年九月六日

〈しみず・まさひこ　一九六六年生まれ。日本体育大学体育学部教授。専門は憲法学。主たる研究テーマは平和主義・監視社会論。著者に『憲法を変えて「戦争のボタン」を押しますか？』（高文研）など〉

右傾化する自民党

梓澤　これから緊急事態条項の問題点を中心に、自民党改憲案全体がめざす国家像について、憲法学者の清水雅彦さんにお話をうかがいます。

そのまえに、清水さんと私との出会いについてふれたいと思います。

一九九一年、中東の湾岸戦争の際に、日本政府は多国籍軍に九〇億ドルもの戦費を支出しました。これは憲法違反だとして、黙っていられない多くの市民が原告になり、東京地裁に訴訟を提起しました。原告各自に慰謝料一万円ずつの支払いを求める集団違憲訴訟です。当時私はその代理人でしたが、清水さんは原告でした。

そのころは大学院生でしたよね。その後、立派にご成長なさって（笑）、大学の先生になられたと。まずは、湾岸戦争とあの訴訟についてどういう感想をもっていますか。

清水　当時は、弁護士にしろ、憲法研究者にしろ、無謀な訴訟だとか、合憲判決が出たらどうするんだという批判をたくさん受けました。実際にその後も私はカンボジアＰＫＯ違憲訴訟も、ゴラン高原ＰＫＦ違憲訴訟も、テロ特措法違憲訴訟も原告として闘うんですが、確かにずっと負けるんですよね。でも、ずっと負けたけれども、その積み重ねがあったからこそ、イラク訴訟名古屋高裁判決（二〇〇八年）が出てくるわけなんですよ。

梓澤　どういう判決だったか、少しコメントをいただけますか。

清水　イラク特措法にもとづく自衛隊の活動が憲法違反だという判決です。裁判自体は原告は負けていますけれども、判決理由の中でそういうことに触れているという画期的な高裁判決でした。

梓澤　その中で自衛隊のＣ１３０という輸送機が、米軍をバグダッドに運んでいたという事実認定を詳細にやりました。負けは負けにして負けに非ず、と。

清水　そうですね。形式的には負けているけど、中味的には勝っているような内容です。

梓澤　しかしその後、二〇一二年に自民党改憲草案が発表され、二〇一四年に集団的自衛権の閣議決定、二〇一五年に安保法制（戦争法）の国会通過がなされ、そして先の参議院選挙で自民、公明が三分の二を取るという事態になり、いよいよ改憲が現実味を帯びてきました。清水さんは自民党改憲案全体を見たときに、どういう感じを受けましたか。

清水　一つは、二〇〇五年の新憲法草案と比べて復古調が前面に出たということです。二〇一二年は、自民党が野党だったこともあり、民主党との差異化を図るために全面的に復古色を出したのかもしれません。それと同時に、巧妙に新自由主義的な規定がポツポツと入っているなというのを感じましたね。

それと、当時は谷垣禎一氏が自民党総裁のときですから、安倍晋三氏の影響力は党内ではそれほどなかったはずです。それなのにこの復古調は……、それだけ自民党が右傾化したんだなという感じはしました。

梓澤　谷垣氏はリベラルといえるかどうかは別として、系統としては安倍氏の系統とは違う。弁護士なので法律的素養はある。

新自由主義的な条項がチラホラとあるとおっしゃいましたが、どういうところですか？

自民党改憲案にある新自由主義的条項

清水　まず前文だと「自由と規律を重んじ」、これはまだちょっと抽象的な表現ですが、次に「活力ある経済活動を通じて国を成長させる」と、こういうことを憲法に書くっていうのも珍しい。全面的に出てくるのは二二条と二四条です。

二二条は「居住、移転及び職業選択等の自由」で、日本国憲法の場合は「公共の福祉に反しない限り」という言葉があって、これを規制するわけですけれども、自民党の案だと、公共の福祉を削っているうえに、さらに「公益及び公の秩序」の規制もしないんです。まったく規制しないということは、たとえば独占禁止法などは、自民党の改憲案でいくとなくなってもいいというか、全面的な経済活動の自由を認めてしまうということになります。

そして二四条では「家族は、互いに助け合わなければならない」という規定がありますが、道徳的な観念を押しつけるという点では復古主義的ですけれども、一方で今流行の自助、共助の強調と公助の後退に適合的というか、社会福祉を家族に肩代わりし押しつけるという意味で新自由主義的な意味をもっています。

梓澤　生活保護とか介護とか、そういうのは権利として国に請求できるものとしないで、家族にそれを負担させる、そういう考え方が二四条に出てくるというわけですね。

清水　ええ。だから復古主義だけじゃないというのは、この二〇一二年の改憲案の特徴です。

梓澤　私は、自民改憲案でまず衝撃を受けたのは、二一条の二項です。「集会、結社及び言論、出版その他一切の表現の自由は、保障する」とやっていながら、「前項の規定にかかわらず、公益及び公の秩序を害することを目的とした活動を行い」、この次が凄くて、「並びにそれを目的として結社をすることは、認められない」……。

これ、「ええっ、そんなのあるのか」という受けとり方で、弁護士同士でも驚きました。

この条文を見て、他の条文はどうなんだと思って見ていくと、三六条「公務員による拷問及び残虐な刑罰は」今の憲法だと「絶対にこれを禁ずる」というのが、「絶対に」が取られちゃった。それから、一三条「全て国民は、人として尊重される。生命、自由及び幸福追求に対する国民の権利については」とあって「公益及び公の秩序に反しない限り」となってしまった。人権全体に対する「公共の福祉」つまり「公共の福祉」っていうのは人権と人権がぶつかりあうときに、人権が最高の価値だとすればそれを制約できるのは人権しかないという基本的な考え方ですが――その「公共の福祉」以上の「公益及び公の秩序」という価値をもちだしてきて、人権が制約されると。要するに人権ぶっ潰し憲法なのです。

清水　今おっしゃった規定のところで意見を述べますと、「公共の福祉」が「公益及び公の秩序」に変わったということで批判されましたが、二〇〇五年の新憲法草案のときにすでに「公益及び公の秩序」に変わっていて、二〇〇五年の新憲法草案を公表するまえの段階の自民党新憲法起草委員会の各小委員会の文書の中に、「国家の安全と社会秩序」という言葉を使っているんです。国家の安全と社会秩序が優先する場合に、人権は制限してもいいということをこの文書の中で書いています。「国家の安全と社会秩序」という言葉が露骨すぎるので、最終的には「公益及び公の秩序」でボカしたというか、曖昧な表現にしただけです。自民党の本音は「国家の安全と社会秩序」は「人権」より優先するということでしょう。だから二〇一三年の秘密保護法*のときに、町村信孝氏が国民の知る権利より国家の安全が優先するんだって国会で発言するんですね。

〔*自民党の町村信孝元外相は二〇一一年一三月八日の国家安全保障特別委員会で、国民の「知る権利」に関し「国家や国民の安全に優先するという考え方は基本的に間違いがある」と述べた。特定秘密保護法案をめぐり安全保障の重要性を強調した発言〕

梓澤　つまり、もともと国民の人権をお互いに守る社会を築き、その人権を守るために国家を作ったという、そういう社会契約の原理が日本国憲法の基底を為しているところなのに、それを逆転して、国家のために国民があるみたいな、そういう価値観の大転換をおこなったということですね。

清水　そういう国家中心主義というか、現在の自民党の復古的な思想がこの改憲案に全面的に出ているということです。最初に国家ありきで、その下に国民はいるんですよというのがあちこちに書いてあるんです。

現憲法を使いこなせていない

清水　また、私は秘密保護法の反対運動をやっていたのでよくわかりますが、二〇〇〇年代になって、マスコミの力が格段に弱まっていると感じています。

梓澤　それは、一九八五年の国家秘密法の時期に比べてですか？

清水　そうですね。国家秘密法の八五年のマスコミの論調と比べると、秘密保護法のときはマスコミも大分変わったなという感じはしました。

梓澤　弱まった？

清水　ええ。新聞協会はあのとき一体となって国家秘密法に反対していましたが、読売新聞と産経新聞は完全に路線が変わりました。やはり日本全体、戦争体験者が少なくなっていき、どんどん右傾化している感じはします。マスコミを含めて。でもやはり国民の政治への無関心ということが一番大きいかもしれません。

ひどいマスコミではあるけれども、だいたい新聞を読む人が少なくなりました。

ここに面白い記事があります。参議院選挙の投票率が五四・七パーセントで低いですよね。でも新聞を読んでいる人に限ると投票率が八六・一パーセントだと……。

新聞読んでいる人はそんなに投票しているんだと、ちょっとビックリしました。だからそれだけ新聞を読まないような、本当に政治に関心ない人がたくさんいるんだなあと。

梓澤　それと関連しますが、参議院選挙の直前に、高知新聞の記者が八人、高知市の市内の街頭に立って、「あなたは三分の二っていうのはどういう意味だか知っていますか」って質問したら、「え？　誰の人気投票ですか。ＳＭＡＰのことですか？」みたいな回答ばかりで、「それは憲法改正の発議のことでしょ」と答えたのは一〇〇人のうち一六人しかいなかった。だから八四人は、なんのことやらわからないまんま参議院選挙で投票していると。
そもそも、憲法改正に国会議員の三分の二の発議が必要だという要件は、国民主権が大事で、硬性憲法に──憲法を変えるのを難しくしてあって、人権をきちんと守ると、多数に流されないと、そういう趣旨があるわけです。だとすれば今度の参議院選挙のあり方というのは、みんなが知っていて、三分の二になったら憲法改正、それでもあなたは改憲勢力のほうに入れるのかっていう判断の岐路がなきゃだめだと思うのです。だけど知らなければ勝負にならないでしょう。

それで、選挙の開票が終わったら途端に、新聞もテレビも、いよいよ改憲だというようにやったでしょう。「なんか変だなぁ」と思った人も多いと思うのですが。

清水　大学で学生に憲法を教えていると、まったく憲法の知識が浸透していないと思いますよ。本当に憲法のことわかっていないなと。中学・高校の社会科で憲法やっているはずなんだけど。その内容を聞いてみると、九条や前文を丸暗記したとか、そんなことをやっているんです。

梓澤　条文の暗記よりも、憲法というのが一体なんのためにあって一般の法律とはどこが違うのかということ、そこですよね。きちっと教えてもらわなくちゃいけないのは。

清水　あとは、第三章の人権規定をきちんと使えるような国民をどんどん育ててくれないといけないと思います。それができてないというか……。表現の自由があったって、自己規制したり自粛する人が多いわけだし、労働基本権が保障されているのに、昨年の組合組織率は一七・四パーセントですから。国民は全然憲法を使えていないわけですよ。

法の下の平等でいえば、確かに男女平等は昔と比べたら進んだと思いますが、全体的にはまだまだですよ。国民がまだ使いこなせていないのに、憲法を変えてもいいという発想が信じられない。

日本社会を覆う「忖度文化」

梓澤　特に表現の自由で感じるんだけど、まさに「表現の自由」という、つまり思想的哲学的意味というか……、それが萎縮していますよね。萎縮するときに誰に向かって萎縮しているのかというと、大したことはないんだ。つまり、別に、これを書いたらクビを切るぞというんじゃなくて、書いている記者が、あるいは経営者が、ちょっと控えておこうかな、的な、つまり「忖度文化」ですよ。それがどんどん進行して、忖度しないヤツはちょっとおかしい、みたいな。逆転しちゃっているんですね。

そういう……なんて言うかな、基本的人権があるときにそれを行使しないで、それから自分でもそれと闘わないときはね、それは、良心、求められている良心に反するんだということ、たとえばダニエル・エルズバーグとかスノーデンとか、チェルシー・マニングとか、そういう人たちがもっている気高さ、もっと日本の今のこの危機にドシンと座るべきじゃないかと思うのです。特に僕はマスコミの人たちには、幹部の人たち、中堅の人、第一線の人に、そこは求めたいことですね。マスコミの人なんか見ていてどうですか？

清水　先ほども申しましたが、八〇年代と大きく変わっているなと思います。今の新聞記者になるような人――大学教員になるような人も同じですが、たんに「頭」がいいからなっちゃってるんじゃないのというタイプが本当に増えたような気がします。ジャーナリズムを志す原体験なんかない。昔の人だったら戦争体験とか学生運動とか、原体験があったうえで将来の自分の針路って決まっていくと思うんですが、今はそういうのがないまま、「頭」がいい「お利口さん」が新聞記者とか大学教員になっているというのを強く感じますね。

梓澤　それは憲法学者もそうですか？　私も弁護士を見ていていろいろ感じるところがありますが。

清水　もう典型的ですね。戦争体験のある一九二〇年代、三〇年代生まれの人が、戦後の学界を引っぱりましたが、その後、団塊の世代は学生運動の経験もあってわりと元気でしたけど、一九五〇年代生まれ以降の人はどんどんそういうタイプが減っちゃうというか……。

それは、社会全体にも言えると思いますが、そういうふうに変わってきちゃっているなあというのは感じます。

あとは、先ほど言われた「忖度」が本当にひどいなと。これは私の経験で言うと、日体大の理事長は松浪健四郎さんです。元自民党の衆議院議員でした。それもあるのか大学の担当職員が、日常的に新聞記事を収集して、日体大の教職員や学生がどこかの記事に載るとＰＤＦファイルにして学内に回覧するんですよ。だから当然、私が学外で安倍政権批判をしているのは担当職員は知っています。それで、学内でその職員に会ったときに、「清水先生、日体大は理事長が理事長ですから、あまり政府批判しないほうがいいんじゃないですか」って言うんですよ。これも完全に忖度だと思うんですけれど、でも、実はこれは忖度ですらないんです。というのも、これはある学内役職者から直接聞いたんですが、学外の人間が松浪理事長に「清水の言動をなんとかしてくれ」というふうに言ってくるらしいんですよ。それに対して松浪理事長は、「私は懐が深い人間ですから」とか、「大学教員の表現の自由がありますから」ということを言って、そういう主張を撥ねつけるらしいんです。理事長は元専修大学の教員ですから、大学教員はどういうものかわかっているんですね。だから理事長からは直接的にも間接的にも、政府批判をするなとかいうようなことは言われたことがないんですよ、私は。だからそういう意味ではその職員は忖度ですらない、もっとひどい状況です。松浪理事長はそもそもそういうことを考えていないわけだから。それが日本社会に蔓延しちゃっていると感じます。

梓澤　弁護士について言えば、一人ひとりはがんばっている人は多いんだけれども、弁護士会という、日弁連という組織になって、組織を回していく、それから組織が政府とどういう付きあい方をしながら、会員を守り、弁護士自治を守っていくかということになると、そこに組織的な忖度が始まって、裁判員制度をめぐるいろいろな論争とか、それから刑事訴訟法の改正とか……通信傍受の拡大につながる、そういうことでは、大きな意味では忖度が広がっていますね。社会的な、大きなところでは、研究者、弁護士会、マスコミ、こういう、いわゆる第三者機関というわけじゃないけど、批判的な勢力として存在することによって、社会のバランスが保たれていくという、その部分の腐食というのか、それがずいぶん深いところで始まっている。闇、闇というか「病い」ですね。それは嘆かわしいです。どうやってこれを、どこかで抵抗線を築くかということが大事だと強く思います。

清水　意識している人間が、どんどん行動していくしかないかと。憲法というのは法学の中でもっとも政治的だと思いますが、やっぱり憲法学界の八割以上は解釈法学ですよ。そういう人たちの研究対象は外国の制度研究か、判例とか条文解釈で、具体的な政治問題には関わらないんです。多くの憲法研究者は、政治に関わる人をバカにするんですよ。あいつは政治的だ、ということで。

梓澤　研究をおろそかにして政治に走っていると、そういうような感じ方ですか。

清水　そうですね。いかに学界で評価されるかということが、本人たちの重要な目標というかね……。自分自身が外に出てきて集会・デモに参加するとか、発言するとか、そういうのはやらないのが圧倒的です。

梓澤　私はこの自民党の改憲案が出されたとき、憲法研究者の発言が少ないなと思った。つまり、自分たちが研究してきた日本国憲法という総体をひっくり返そうとするものに、自分たちの存在を賭けて、「とんでもない！」ということがあって然るべきだけど、それほどは危機感を感じていないような気がします。

清水　それはもう自民党の改憲案でも、秘密保護法、戦争法でもそうですが、今起きている政治的な問題には関わらないというのが圧倒的多数の研究者の姿勢です。だから私は二〇一三年に自民党の改憲案を批判する本（『憲法を変えて「戦争のボタン」を押しますか？』高文研）を出しましたが、でも、憲法研究者で自民党の改憲案について単著で本を出しているのは、何人ぐらいいるかなって考えたら……少ないですよ。発言しないんですよね。

梓澤　他の政治問題については、多少の納得はいくのですが、日本国憲法の総体がひっくり返されようとしているときに、自分たちの存在自体が、もはや危うくなっているというふうには考えていないのですかねえ……。

清水　だと思いますね。問題意識をもって必ずしも研究活動をしているとは思えない。だから憲法が変わったら変わったで、その憲法を粛々と解釈するんじゃないですか（笑）。日本国憲法を変えられるのがけしからん、とはならずに。

改憲戦略の中での緊急事態条項の意味

梓澤　では次に、安倍内閣の改憲戦略の中で、緊急事態条項の創設がどんな意味をもつかについてお聞きしたい。

九条を変えて国防軍をもとう、戦争をどんどん、どしどし表へ出ていってやろうという憲法改正については、世論調査の数字を見てもできないことはわかります。となると九条を突破口としてやってくるというよりは、他で、わからないところで……そもそも憲法とはなんぞやというのがわからないうちに、憲法の一番中心になっているところをグズッと崩す戦略を考える。

で、安倍首相は参議院選挙の直前の日曜討論で、共産党に九条を憲法改正の論点にするのかと問われたときに、それは憲法審査会でやってもらいますから、というような言い方をした。なにをやるかについては憲法審査会の議論でやらせたいと。タテマエ的に、そもそも発議というのは政府がやるんじゃなくて、国会議員の三分の二がやるんだと。なにから手を付けるか言っていないわけですよ。

そういう動きの中で、震災や災害の安全のことを言って、それに対応するためには、緊急事態条項が必要だという、そこへスーッと流れていくような気がしているのですが、その辺の改憲戦略、改憲状況というのはどういうふうにお考えですか。

清水　安倍首相としては九条を一番変えたいでしょうけれども、おっしゃったように国民は必ずしも九条を変えようとは望んでいませんし、国民投票で憲法改正に失敗したら、当分改憲の議論はできなくなりますから、まずは国民投票で成功しそうなテーマでやってくると思います。

そうすると国民に受けいれられる可能性があるのは、緊急事態条項とか、新しい権利とか、憲法裁判所とか、そういうところからかもしれません。憲法改正を経験してもらうというお試し改憲的な意味あいですね。ただし、実際には緊急事態条項というのは、これだけで、緊急事態宣言をしたら政令でなんでもできちゃう、単なるお試し改憲的な意味にとどまらない、権力にとって万能な規定になってしまうので、緊急事態条項だけの改憲も絶対やらせてはいけないです。

梓澤　いわゆる「お試し改憲」的な意味で一般に言われがちだけど、そうではなくて、独裁の権限を握るために万能な規定です。当初、自民党改憲案全体の中で私もそれほど注目をしていなかったんですが。

清水　二〇〇五年の新憲法草案には、緊急事態条項はありませんでした。当時は、逆に国家緊急権論を一生懸命やっていたのは民主党のほうで、自民党のほうはあまりその議論はしていなかったんです。しかし、二〇一一年の東日本大震災を受けて、中山太郎氏が二〇一一年の八月に「緊急事態に関する憲法改正試案」という条文形式の案を作って、それを当時の衆参両院の国会議員全員に配りました。

そこには、自然災害、テロリズムによる社会秩序の混乱、その他の事態に内閣総理大臣が緊急事態を宣言するという案が出ていて、これが自民党の二〇一二年の改憲案につながったんだろうなと思います。

梓澤　東日本大震災が契機になったわけですね……。

清水　そうです。中山太郎氏は、東日本震災後の復興の遅れの問題は緊急事態の議論が充分に行われてこなかったからだと言っています。私はそうは思いませんが。

あとは、昨年（二〇一五年）のフランスのテロの事件の影響もあって、また自民党の中から緊急事態条項をもちだしてきたというのもあります。

梓澤　災害とテロですね。そのあたりについては、すでに批判的な論調で永井幸寿さんが『憲法に緊急事態条項は必要か』（岩波ブックレット）で、災害に対して、緊急事態宣言が必要だというのは論証されていないということを展開されています。清水さんの憲法研究者としてのご意見はいかがですか。災害対策として必要ではないという点についてですね。

清水　日本の場合には、現行法で個別の事態に対応した法律がかなり整っています……災害対策基本法とか、警察法、自衛隊法、その他ですね。現行法に問題がないとは思いませんが、まずは充分な法律があります。本来は中山太郎氏にしても自民党にしても、現行法があるのになぜ憲法に規定しなければいけないかということを立証しなくてはいけません。それはまったくできていません。

梓澤　つまり法律があるということですね。災害に対応すべき災害対策基本法、災害救助法があって、自衛隊法や警察法を駆使して、必要な組織力も動員できると。やむを得ない財産権の制約等についても規定があるということから見れば、なんで憲法に、法律ではなくて憲法にこれが必要かというところが非常に大事な点ですが。しかし、そのことについて、自民党のQ&Aを見ていても書かれていません。

テロについて私が思うのは、武力攻撃事態法の中の緊急事態対処です。あの松本サリン事件、地下鉄サリン事件で試されたのは、この法律を駆使すれば、警察の捜査で対処できたはずのところ、それをしなかったというところに問題があるのであって、ああいうテロがあるから、すべての人権を遍《あまね》く制約して公権力を集中することが必要なんだという論理はありえません。

清水　そうだと思います。現行法だと個別の事態になにができるか、というのがキッチリ決まっています。改憲勢力としてはそれ以上に、もっと自由に自分たちの権力を使える余地、使える部分を求めているんでしょうし、あとは、今、おっしゃられたことでいうと、中山太郎氏は東日本大震災の復興の遅れは憲法に緊急事態の規定がなかったからというふうに言っていますが、実際は東日本大震災に対する政府の対応の拙《まず》さがまず第一にあったのだと思います。当時は、政権になれていない民主党政権でもありました。やっぱり憲法ではなくて人間の問題だと思います。松本サリン事件だって対応が不十分だったのは人間の問題でしょう。憲法とか法律ではありません。

梓澤　災害、テロがあったときに、これに対応するのに、公権力が、すべての人権を制限なく制約できるという、言ってみれば独裁が必要だ、ということは論証はされていないと。

清水　されていないし、繰りかえしますが、現行法では対応できないので緊急事態条項を憲法に加えなくてはならないということについて、それを提案する側がしっかり説明しなくてはなりませんが、全然やっていません。

緊急事態条項の憲法的法律的問題点

梓澤　では次に、自民改憲案九八条、九九条の中身について、憲法的法律的問題点をうかがいます。

自民改憲草案九八条、九九条に載っている緊急事態の宣言の要件と、緊急事態の宣言がされるとどういうことが法律的、憲法的に公権力に与えられるか、ということが条文に書いてあります。これとよく引きあいに出されるのが芦部信喜さんの国家緊急権の定義です。これは大事な概念だと思います。芦部さんの『憲法　第六版』という基本書で国家緊急権についてこう定義されています。

「戦争、内乱、恐慌、大規模な自然災害など平時の統治機構をもっては対処できない非常事態において、国家の存立を維持するために、国家権力が立憲的な憲法秩序を一時停止して非常措置を取る権限を国家緊急権という」（同書三七六頁）と。

要件としては「平時の統治機構をもっては対処できない非常事態」。それから目的は「国家の存立を維持するため」で、「国家権力が立憲的な憲法秩序を一時停止して非常措置を取る権限」。つまり憲法が止まるわけです。そして、この自民改憲案もそのことが書いてあって、一項に、「内閣総理大臣は、我が国に対する外部からの武力攻撃、内乱等による社会秩序の混乱、地震等による大規模な自然災害その他の法律で定める緊急事態において、特に必要があると認めるときは、法律の定めるところにより、閣議にかけて、緊急事態の宣言を発することができる」と。で、「緊急事態の宣言は、法律の定めるところにより」、次なんですが、「事前又は事後に」とあるから「事前に」ということは要件になっていない。「事前又は事後に国会の承認を得なければならない」と。そして効果としては九九条に「緊急事態の宣言が発せられたときは、法律の定めるところにより、内閣は法律と同一の効力を有する政令を制定することができるほか、内閣総理大臣は財政上必要な支出その他の処分を行い、地方自治体の長に対して必要な指示をすることができる」と。

そして、「前項の政令の制定及び処分については、法律の定めるところにより」これも「事後に国会の承認を得なければならない」となっている。

さて、その権限の効果として、九九条の三項に「緊急事態の宣言が発せられた場合には、何人も、法律の定めるところにより、当該宣言に係る事態において国民の生命、身体及び財産を守るために行われる措置に関して発せられる国その他公の機関の指示に従わなければならない。この場合においても、第一四条、第一八条、第一九条、第二一条その他の基本的人権に関する規定は、最大限に尊重されなければならない」と、こういうことになっているわけです。

緊急事態のスタートとして九八条の一項には「閣議にかけて」と。閣議だけでこんな重大な事態が始まっていくと。内閣だけでですよ。事前に国会の承認というのは要求されているわけではない。緊急事態の宣言がなされたとき、法律に代わる、法律と同じ効力をもつものを内閣の政令で出せると。国会というのはもう要らなくなって、内閣だけで政令を出すことができて、しかもその内閣が作った政令には国民は従わなければならない——。

これこそまさに独裁じゃないかなと思う。これ全権委任法ですね。よく引きあいに出される一九三三年三月二二日のドイツの全権委任法の二項によると、ドイツ政府によって制定された法律は「国会及び第二院の制度そのものに関わるものでない限り、憲法に違反することができる」(笑)。あまりにも独裁志向が素直に表現されていて笑ってしまう。表現こそ違え自民党改憲草案九九条の規定は、内閣の政令は憲法に違反することができるという全権委任法の条項にそんなに差がないとみえます。すなわち、内閣の緊急事態宣言のもとでは、政令が出たらそれは憲法に違反して人権を制約できる。こういうことですよね。どうでしょうか。

清水　そういうことです。

自民改憲案九八条、九九条の批判はさまざまな角度から批判しなければなりませんが、憲法学でいえば、大日本帝国憲法には緊急事態条項は緊急勅令、戒厳大権、非常大権というものがあったけれども、現憲法にそれが規定されていないのは、それを認めていないということでしょう。あとは、よく引用される一九四六年七月一五日の帝国議会での金森徳次郎国務大臣の答弁ですよ。

野党議員からの緊急事態に対しての規定についての質問に対して、金森は「民主政治を徹底させて国民の権利を十分擁護致します為には、左様な場合の政府一存に於て行いまする処置は、極力之を防止しなければならぬのであります」と答弁します。あるいは、参議院の緊急集会を促して暫定の措置を取るとも言っています。金森のほうはそういう戦前の国家緊急権的なものは危険だという認識を示したうえで、日本国憲法には参議院の緊急集会の規定があるじゃないかと答弁しているのです。だから日本国憲法になんの備えもないわけじゃない。国会の定足数は三分の一以上ですから、多くの国会議員が死ぬような事態があっても開くことはできるはずだと思います。現行憲法で規定上なんら問題ないと思うのですが。

あとは、どんな国でも国家緊急権はあるんだという人がいますが、イギリスはそもそも憲法典がありません。アメリカは緊急事態については法律で対応しますし、ドイツ、フランスでは議会とか憲法裁判所または憲法院のコントロールがあります。しかし、自民党の改憲案にはそういうのが、まったくないわけです。まったくないというか、一応、国会の承認とありますが、先ほどおっしゃったように事後でもいいわけですし、ましてや裁判所のコントロールはありません。内容的にも諸外国の緊急事態条項と比べて、問題ありと言わざるを得ません。

そして、国家緊急権について言えば、芦部先生の先ほどの定義から考えてもそうですけれども――、国家緊急権がある国は基本的に軍隊をもって戦争する国ですよ。でも日本国憲法は九条があります。軍隊はもてません。

そういう意味では憲法論からしても自民党の案というのはかなり問題がある。特に、内閣が法律と同一の効力をもつ政令を出せるなんて、とんでもない話です。まさにナチス・ドイツと同じようなことが起こりかねない。

ナチス・ドイツの手口と日本の状況

梓澤　ワイマール憲法の四八条に、大統領が緊急布告を出せる権限があります。まだヒトラーが内閣の中で多数ではなく、完全な権力を握れていないときに、国会議事堂放火事件というのをでっちあげて、ヒンデンブルグ大統領に緊急布告を迫った。そして、一万人のドイツ共産党員が逮捕されます。そのために、共産党の国会議員八二人が国会に出られなくなって、全権委任法が通り、その後、ヒトラーの独裁政権が完成したという歴史ですね。

このことを指して麻生太郎さんは、公的な場所で「ナチスのやり方に学んだらどうか」と放言しました。でも放言ですまされない。実際、この緊急事態条項を作るにあたって、私はナチスのやり方を相当研究しているんじゃないか、というふうに思いましたね。

あと、これは、韓国の憲法学者の李京柱《リキョンジュ》さんに聞いたのですが、韓国の憲法裁判所が、ある政党に対して憲法批判をしたとして活動を禁止されたということをおっしゃっていました。

日本でも、参議院選挙の前に閣議決定で、日本共産党は破防法適用団体である、としました。それでただちに、日本共産党の活動が禁止されるというわけではないですが、この緊急事態宣言条項がどういう効果を発するかということを、日本共産党などはもっと強調していくべきだと私は思いますが、清水さんのお考えはいかがですか。

清水　ナチス・ドイツのような状況には、まだ日本はなっていませんが、現状でも私は公安調査庁と警察の公安が共産党や朝鮮総連、新左翼、オウムもそうですが、それらを監視の対象にしているのは不当だと思っています。

憲法で表現の自由、結社の自由が保障されているのに、実際には公安調査庁や警察が監視活動をしているのは憲法違反じゃないかということを、共産党はもっと強調しなきゃいけないと思います。それは共産党に限らずですが。

私も以前『法律時報』にオウム関係者に対する住民票受理の拒否とか、和光大学の麻原氏の三女の入学拒否とかを批判する論文を書いたことがあります。でも、オウム関係者など、暴力団もそうです——、ああいう人たちは規制されてもしょうがないという空気が、日本の市民社会にあるのが問題なのかもしれません。私は、個人が犯した行為は当然処罰しなければいけませんが、組織の構成員だからダメだというのは、思想に対する弾圧だと思います。それが許されると、自民党の改憲案だと簡単に、まずは手始めに暴力団とかオウムとか結社禁止になると思います。それはやっぱりまちがっています。

梓澤　私もオウムのときは、知り合いである法律事務所の若手弁護士坂本堤さんが、妻、お子さんをオウム教団の一部の信徒たちに命を奪われましたから、私なりの憎しみはあります。でも、そこから問題を広げすぎて、すべての教団関係者、その家族の基本的人権を制約することについては、それでよいのか厳しい検討、自分自身の考え方を自己点検しなくてはならないと考えています。

清水　あのころは、オウム信者に対する微罪逮捕とか無罪逮捕とかなんでもありでした。新左翼の人たちだって、公安にはしょっちゅう、転び公妨*とかなんでもやられていると思います。やっぱりそれは許されないです。

もし仮に、今日本でテロが起きたら、まずイスラム教徒全体が弾圧の対象になるでしょう。

〔*警察官が自分で転んで、相手を公務執行妨害罪の現行犯として逮捕する〕

梓澤　そうなんです。戦前は朝鮮人と共産党だったけど、現代はイスラム教徒です。私はイスラム教徒の違法捜査に対する国家賠償請求事件弁護団の一員でもあるんですが、結局のところ裁判所も、公安からイスラム教徒の個人情報が大量に流出して、それについては慰謝料を払えという判決を出しましたが、捜査そのものについては、つまりイスラム教徒であり、モスクに行っている人間の氏名と住所は全部明らかにしようとする捜査については、なにも批判しない。

個人情報保護法反対運動のときに、横須賀の小泉純一郎氏の事務所に向けて、五〇〇人のデモがありました。私もデモ隊の中に加わって行ったんですよ。そうしたら、警察の捜査のやり方は、違法を止めさせるっていうんじゃなくて、全員を撮るんです、写真で。今や免許証で全部写真のデータをもっているわけですよ。そのデータと参加者を撮った写真をあわせると、全部氏名が出てきてしまう。五〇〇人の参加名簿ができてしまう、と私は危惧しました。

緊急事態条項の危険性

梓澤　あと、デモや政党に参加しない一般国民の立場から、緊急事態条項の危うさを言いたい。一つは、日本国憲法三四条の弁護人の依頼権について。逮捕される人間は弁護人依頼権があるというのは、弁護士がいなくては逮捕されないということなんです。つまり人身の自由の規定なわけです。たとえば、痴漢冤罪で逮捕されたとしても、弁護士が行って、助けることができる。実際、友人の弁護士の依頼者でやっていないという態度を貫いて二〇日間がんばって不起訴になった痴漢冤罪の人がいました。また、売春をやっていると疑われるスナックに人を紹介したという有害業務紹介罪という職安法の規定で、ある外国人女性が逮捕されたのですが、弁護士がついたことにより、自分は、友人をあるスナックに紹介したけれども、そのスナックが売春斡旋をしていることは知らなかったと、否定の態度を貫きました。弁護士は交代で毎日面会して本人を励まし、処分保留で釈放になり、後に不起訴になったのです。

というように、弁護人依頼権って一般国民にとってものすごい大事なんです。それがもしこの緊急事態条項の規定があった場合、法律を作って、テロリストと疑われる人間は弁護人依頼権はないとする可能性もあります。あるいはフランスでやっているように、裁判所の令状なくして捜索差し押さえに入っていけるというようなこともある。これはもう非常に危ない、いわゆる警察国家になる。九・一一テロの後にアメリカ議会で成立した愛国者法の下では、敵性戦闘員とみなされた人びとへの恣意的な逮捕拘禁、グアンタナモ収容所に送り、拷問が行われました。アメリカ憲法があっても、このような法律が作られ、人権が侵害されたのですから、緊急事態宣言の下で作られる内閣制令でも同様のことがおこる危惧があります。これが一つ。

もう一つ。『日本の納税者』(三木義一著、岩波新書)という本の中に、国債を日本がデフォルトして、国家危機になった場合に、IMFが日本を管理下に置くこともありうると書いてあります。そのときに、こういうことが考えられると。①公務員の給料は三〇パーセント以上カット。②公務員の退職金は認めない。……消費税は二〇パーセント引き上げ。それから資産税を導入して、不動産は公示価格の五パーセントを課税。預金については一律ペイオフ。一〇〇〇万円以上は全部カット。で、第二段階として預金を三〇パーセントから四〇パーセントカットするなど。

二〇一六年の二月に「預金封鎖の真実」というNHKの番組がありました。そこで戦後すぐの日本でやった預金封鎖のことを紹介しているのだけど、でも現代、たとえば、二〇二〇年東京オリンピックをめぐるこの冗費、国家予算のひどい使い方、そして財政赤字と日銀の異次元金融緩和……日本の経済危機はあるかもしれない。そのとき、この緊急事態宣言で、国家の事態が危なくなったときは人権の制限もありえますよ。だから政令で、とりあえず国民の預金はちょっと引きだせなくなりますよ、経済危機を個人預金からもっていくというようなことだって……ないとはいえない。

清水　緊急事態宣言されなくても怖いのは、さっきの「公益及び公の秩序」で人権は制約されるわけですから、ということはもう、自民党の改憲案が通っちゃったら、緊急事態じゃなくても平時からプライバシー権、肖像権は制限されるし、警察の活動がもっと自由になってきます。

まあ自民党の改憲案全体がすぐに通ることはないと思いますが、恐ろしいのは緊急事態条項については、憲法調査会で共産党以外は議論することに反対ではないということで一致していることです。確かに、憲法九条を含めた改憲全体はかなり抵抗がありますけど、緊急事態条項はわりと乗りやすいと思います。ですから、このように緊急事態条項の中身を伝えることは大事だと思います。

民進党への提言

梓澤　そこなんです。つまり民進党は自分で国家緊急権について研究して発表したり、東日本大震災のときに政権にあったという経験もあり、発議のときに抵抗をするのかという疑念が私にはあります。緊急事態条項が、日本国憲法全体を改憲するのと同じ意味をもってしまう危険性をもっと強調しなくてはならないと思います。

さて、今後の、これは清水さんが私とは違う経験をもってらっしゃることなんだけど――、特定秘密保護法以来の、それからそれ以前の、実践的な活動の全国的な中心にいらっしゃったという経験からして、これから、特に緊急事態宣言条項というところにしぼった場合、運動の側というのは、どういうことをやるべきだし、どういう点がまだ足りない、あるいは、ここをこうしたほうがいいんじゃないか、というような提言はありますか。

清水　難しいですね。運動全般では民進党と連合がもうちょっと変わってくれないと困ると思っているし、逆に足を引っぱる可能性もありますから。だから市民側がもっと民進党とか連合に対して、市民が望まないような方向に行くな、っていうことを強く主張していかなければいけないと思うんです。

今回、参議院選挙の一人区三二のすべてで野党共闘が実現しましたが、場所によりますけど、地域で野党共闘に抵抗していたのはそこの地域の連合なんですよ。共産党と一緒にやりたくないという。民進党もそういう人がまだけっこういました。野党第一党のプライドがあるんでしょうけど、でも、私に限らず、世間の人が見たら、自民党が三〇〜四〇パーセントぐらいの政党支持率があるのに対して、民進党は一〇パーセント前後、一〇パーセント前後の政党がなんであんなにプライドが高いのか信じられないのですが。もうちょっと自分たちがいかに支持されていないのか、その中で政権交代を目指すにはなにが必要かという自覚をもっと民進党にもってほしいですね。

あとは、対案を出したり、なにか統治意識をもつのが現実的だという、そういう発想を止めてほしい。そういう発想があって現実路線に走っている部分が民進党ってありますので。国家緊急権論なんか完全にそうです。やっぱり統治する側の発想で提案してきていますから、戦争法だって、当時は民主党でしたけれども、領域警備とＰＫＯの駆けつけ警護は賛成ですよね。だからそういう意味で、民進党は変わってくれないとマズイなって思います。

梓澤　そこに対して市民として、言うべきことは言っていくと。地域で自分たちが、民進党の候補者がいれば、あなたを当選させるためには、あなたが変わってくれないと、あなたの政党も変わってくれないと、本当に心から応援して、自民党の横暴を打ち負かすことはできないんだということですね。

清水　ええ。民進党内で国家緊急権論とか、民主党時の二〇〇五年憲法提言と同じような改憲の案を作るべきだと言う人もいますが、そういう路線って結局、自民党と変わらなくなってしまうわけですから。改憲が必要だとか、緊急事態法が必要だとか、自衛隊活用とかね。そうすればふつう、市民、国民は政権能力のある経験豊かな自民党を選択するわけで、民進党なんか選択しないでしょう。だから、やはりそうじゃない、自民党とは違う路線をはっきり出してほしいと思います。

その方向としては、私はやっぱりリベラルとか社会民主主義だと思います。そっちのほうに舵を切ってほしいし、この間の戦争法反対運動から参議院の野党共闘をやる中で、だいぶ、民進党は変わったわけですよ。最初は戦争法反対で一致していたところを、さらに原発の再稼働は当面止めるとか、TPPに反対するとか、戦争法以外でも、野党、あるいは市民と一緒にやれるような政策課題を出してきてたのですから。

それと、自民党はきちんと組織を作って地道な活動をしているのに対して、民進、共産、社民は、やっぱり労働者の組織化がまだできていない。やっぱりヨーロッパだと、社会党、労働党、社民党という社民勢力が労働組合の支援を受けて政権を取れるわけですよね。でも日本の場合はそういう労働組合の支援を受けた、いわゆる社民勢力が組織化ができていないので政権を取れない、それが大きな問題だと思っています。すぐには無理だろうけど、時間をかけて労働者の組織化をしてほしいなというのが、あります。

「法の支配」と近代立憲主義

清水　あと、私はやはり、戦前日本は法治主義国家でしたけれども、市民革命を経験していない中で、戦後の日本人が法治主義的な発想のままきていると思うのです。法治主義とは「悪法も法なり」で、それに対して「法の支配」は、法は正義にかなっていなければいけないから、正義にかなっていない法は無効にしなければいけないし、もし仮に裁判所が無効にしなければ、ときに破っていいという考え方です。

でも、今、新聞もそうだけど、「法の支配」と「法治主義」はあまり区別しないで使うのが一般的ではないでしょうか。やっぱり両者はもともと意味が違いますし、なんといっても日本は憲法で八一条が規定されたので……すなわち、国会が多数決で作った法律でも、選挙で選ばれたわけではない裁判所が違憲・無効と判断できるというのは、これはまさに法の支配の考え方です。国会で多数を取って法律を成立させた、という意味で民主主義的な決定に対しても、その民主的な決定の中身がまちがっていれば無効にできるという制度を戦後導入したのです。

そういう考え方が浸透していないから、民主主義だから多数決で決まったら従わなければならないんだよね、という意識の人が多すぎると思います。

それと関連して、近代立憲主義は国家権力を縛るというところに重点を置いていますが、現代的な立憲主義は国家権力だけじゃなくて、多数派の暴走を防ぐというところに力点があると思うんです。それは先ほどの八一条との関係で言うと、一九世紀初頭にアメリカで違憲審査制度が導入されますけれども、当時のヨーロッパはルソー的な発想が強かったので、国民が選挙で選んでいない裁判所に対する不信感が強く、アメリカの違憲審査制度には見向きもしなかったわけです。でも二〇世紀に入ってナチスの経験をするわけです。先ほどもおっしゃられた国会放火事件などもありましたけれども、形式的にはナチスは選挙で多数派になってしまいます。そこで人類はナチスの経験から、アメリカの独特な違憲審査制度を第二次大戦後、憲法に入れていくようになります。それはすなわちナチスのような失敗を防ぐという、多数決で決めたことが常に正しいわけではない、多数派は暴走する可能性があるので、それを是正するために違憲審査制度を入れていくというふうになります。

第二次世界大戦後の各国で、憲法に違憲審査制度が入ることを「違憲審査革命」という言い方がありますが、それがまさに民主主義と対抗する立憲主義ということになるでしょうか。

二〇世紀に入ってからの立憲主義は国家権力だけじゃなくて、多数派の暴走も防ぐ、民主主義の暴走も防ぐというところに意味があるのではないかと。そういう価値観が日本社会に浸透していない。単純な民主主義観が強すぎると思うんです。

橋下徹氏は四九対五一でも、五一で勝ったほうが全面的に委任されたんだと言って世間に受けるのも、そういう誤った民主主義観が浸透しすぎた結果です。ナチスの経験から、第二次世界大戦後の立憲主義は違うんだという意識をもうちょっと広めていかなくてはマズイなと思っています。

「忖度文化」に抵抗して

梓澤　なるほど。私からは先ほど出た「忖度文化」に対する抵抗の言葉を紹介したい。「白バラの祈り　ゾフィー・ショル、最期の日々」（二〇〇五年）という映画があって、憲法を考える映画の会という市民団体が上映運動をやっています。その宣伝文句が印象的です。「大統領緊急令、全権委任法によってリベラルなワイマール憲法が事実上無効化されたドイツはどんな国家になったか。今、憲法を骨抜きにする緊急事態によりそれが日本の現実になろうとしている」……。

ワイツゼッカー大統領は、このナチスに抵抗した「白バラ」の学生たちを指して「この人たちにはね、勝算があったのでしょうか」と問う。そして「この人たちのことを、勝算のあるなしをもって論ずる人はいるけれど、私はそれがすべての行動の規範ではないと思う」と、良心の問題だって言っています。

「忖度文化」っていうのは、自分の中にある良心に反して自分の言いたいことを抑えてしまうことですよね。でも、言うべきときに言わないのは、私の良心に対する恥であるということの考え方を、この映画は伝えていると私は思います。これからそういう、なんというか質的な高さというか、覚悟で生きたいな、と私は自分に命じております。

今日はありがとうございました。

第四章　緊急事態条項を憲法に書き込んだときなにが起こるか

緊急事態条項を憲法に書き込むと、①内閣が国会にとってかわり、行政権に加えて立法権をもつ。②内閣が作る法律（呼び名は政令であるが）は基本的人権を制約することができる。③内閣に地方自治を奪う権限を与える。

フランス、ドイツの憲法には、自民改憲案より極めて厳格に公権力を縛る要件を付した国家緊急権の条項が憲法にある。それはなぜか。

国家緊急権とは、災害、テロ、戦争、経済恐慌のときに国家を生き残らせるために憲法を停止する制度である。憲法の呼吸を止めることによって、国家を守ろうというわけである。

自民改憲案の具体的仕組みを、自民党改憲案の関連条文や歴史の経験に照らしながら見てゆく。

第一に、内閣が立法権をもつとはどういうことか。

本書第二章の自民改憲案の検討の中で触れたとおり、民主主義のもとで、国会の多数派で総理大臣に任命されると、総理大臣は自衛隊、警察、最高裁判所裁判官の指名権、刑務所を運営する法務省トップの任命権などふつうの人間存在がもつことのできない実力、強制力を掌握する。この実力、強制力を憲法の言葉では公権力という。ひとたびある個人、またはその個人に率いられる集団（政党）が公権力を握ると、その暴走を抑止するために憲法が意味をもつ。公権力の暴走を抑えるため近代民主主義のどの国の憲法にも三権分立と基本的人権の尊重（基本的人権の侵害の禁止）が書き込まれている。

この考え方を、フランス人権宣言では次のようにわかりやすく述べている。

「権利の保障が確保されず、権力の分立が定められていない社会は憲法をもたない」（フランス人権宣言一六条）。

緊急事態条項のもとでは、内閣は法律と同一の効力を有する政令を制定することができる（自民改憲案第九九条）とされる。内閣が法律を作ることができるのであるから、三権分立はここで停止される。

そして、この体制のもとで政府その他、公の機関が発する指示には法律の定めるところにより何人も従わなければならない（自民改憲案九九条三項）とある。この体制のもとで基本的人権は守られるのか。もし、基本的人権の侵害を防止したいのであれば、いかなる場合でも国公の機関は基本的人権を侵害してはならないと、人権侵害禁止を明示的に示さなければならない。しかし自民改憲案九九条三項には、基本的人権は最大限尊重されるという言葉があるだけである。

緊急事態条項は内閣の独裁をもたらし、基本的人権は侵害されると筆者は考える。フランス人権宣言がいうように、緊急事態条項を書き込んだ途端に日本国憲法は、憲法でなくなるのである。崖の上のトロッコ（権力）は暴走を止めるためにブレーキがかかっていなければならない。しかしそのブレーキは外されるのである。独裁の時代、人権弾圧の時代が始まる。

安倍改憲メッセージと緊急事態条項

二〇一七年五月三日に発表された安倍改憲メッセージ全体と九条自衛隊明記の分析は第六章でふれる。本章では、現行憲法の人権保障規定にはほとんど手を付けずに、緊急事態条項を書き加えることの意味を考える。

二〇一二年自民改憲案では、その二一条二項（公益及び公の秩序を理由とする表現の自由、結社の自由の制約）、一二条（自由及び権利の行使には、常に公益及び公の秩序に反してはならない）、一三条（幸福追求権の制約）、二九条（財産権の制約）が、あからさまに謳われていた。それに対応して緊急事態条項に関する九八条、九九条がある。

　安倍改憲では人権条項には手を触れないまま、緊急事態条項が書きこまれると予測される。そうなると同じ日本国憲法の中に一方では人権保障、一方では（緊急事態宣言ののち）人権の著しい制約が起こる。同じ船の中に敵対する者が乗ることをたとえた中国のことば「呉越同舟」という事態が起こる。この両立しがたい「矛盾」をどう全体的に把握するのか。

　ここを解き明かしてくれるのが、「後法は前法に優る」という法律上の格言である。筆者はこの思考方法を小沢隆一氏（慈恵医大）の論文から学んだ。

「施行七〇年目の日本国憲法と安倍内閣の改憲策動―首相の五月三日メッセージと『米韓防護』をめぐって」（『法と民主主義』二〇一七年六月号掲載）と題する論稿である。ここで小沢隆一氏はわかりやすい立法例を挙げている。それは禁酒法の事例である。論文の該当部分を引用したい。


　アメリカ合衆国憲法一八条（一九一九年確定）は、いわゆる「禁酒法」〔筆者注　アルカポネらギャングが密造酒を作って販売し、禁酒法はギャング集団の資金源となった〕の根拠規定である。ところが周知のようにこの法律によってアルカポネらが暗躍してしまった。そこで一九三三年確定の修正二一条で「合衆国憲法修正一八条はこれを廃止する」と規定して一八条を無効化してしまった。一八条は憲法の法典に存在しているものの、もはや効力はないのである。

（前掲論文　七頁）

緊急事態条項を書き込むと、それは国家緊急権を容認したことになる。第三章で書いたように国家緊急権とは大災害、戦争、内乱などのときに憲法を停止して国家を守るという考え方である。内閣総理大臣が緊急事態を宣言したときは憲法が停止される。憲法の基本的人権保障規定は無力化する。後法である緊急事態条項が、前法である基本的人権保障の規定を空文化する力をもつ。公権力を握ったものは、この後法優先の論理をつかうであろう。

国民投票をするたくさんの人びとはそんなことは知らずに大災害、テロに対応するため緊急事態条項の書き込みに賛成の投票をしてしまうことになりかねない。

筆者は、人権保障条項が残されて緊急事態条項が書き込まれる改憲項目は、人びとに真実を隠しながら緊急事態条項賛成へと誘導する質《たち》の良くない提言だと考える。

緊急事態宣言で基本的人権は？

緊急事態が宣言されたとき、基本的人権は一体どういうことになるのか。

第一に表現の自由、第二に司法上の人権、第三に結社の自由、第四に財産権などの人権の制約、抑圧が構想されている。

1　表現の自由、報道の自由

災害発生のとき、市民にとっては正確な情報は不可欠である。公権力の座にあるものは、危機に関する情報が流布されるとパニックになるという統治の側からの利益を優先して、危険に関する情報の流布を抑えることがある（「統治の利益」による情報流通の自由の抑制）。

他方で災害の真っ只中におかれた人びとにとっては、避難の経路、交通手段の機能が維持されているかの確認、道路の渋滞、食料、飲料水の所在、避難場所の状況、医療機関の所在、その機能維持の確認が不可欠である（知る権利の重要性）。

緊急事態条項が憲法に書き込まれると、「統治の利益」が常に優先するという憲法上の秩序ができあがる。国民は公の機関の指示に従うことが義務とされることが明文化されるからである。

二〇一一年三月一一日の東日本大震災のときには、公権力による情報開示が不十分で住民の生命、健康の権利が侵害された。

大震災直後の一週間に福島第一原発では水素爆発が連続して発生し、福島県内、茨城県、東京方面に大量の放射能が拡散した。この放射能拡散情報は、国が開発したシステム（スピーディ）によって迅速な予見と避難、避難関連措置（ヨウ素剤の配布、飲用の指示など）が取られるべきであった。しかしそれは極めて不十分だった。こんなことがあった。

二〇一一年三月一二日、福島県浪江町のやまあいの里である津島地区には一万人の人たちが避難してきていた。小中学校、公民館、寺のほか民家にも避難する人たちがいた。菅野みずえさんの家にも二五人の人たちが避難してきていた。菅野さんは、泊まる場所の提供のほか食事も出していた。

みずえさんが表に出ると、車から白い防護服の男が二人出てきて「放射能場所物質が出ているから逃げろ」と言った。「頼む、逃げてくれ」という言葉まであった。――言い残すと二人の男は福島方面に走り去った（朝日新聞特別報道部『プロメテウスの罠』第一巻、一五〜一六頁）。

みずえさんや避難していた人たちは、なにが起こったのかを知らされていないことがこの本から伝わってくる。実はこういうことだったのだ。

（福島第一）原発から五キロの場所には（三月）一一日の夜には国の対策本部ができていた。しかし一四日夜には二号機の状態を懸念して本部は撤退した。その撤退要員の一人は三月一五日になり浪江町山間部の三ヵ所。そのうち赤宇木《あこうぎ》は三〇〇マイクロシーベルトだった。許容量の何千倍の放射能が拡散していたのだ。前掲書（六二頁）によると文科省はスピーディ・システムによって浪江町山間部の高い放射能線量を知っていた。しかしそれは浪江町自治体にも住民にも知らされず、避難にも生かされなかった。――このため浪江町山間部から飯館村長泥周辺にいた人たちが高い放射線量にさらされたことになる（前掲書七二頁）。

他方でアメリカ大使館、フランス大使館では在住のアメリカ人、フランス人に対して東日本地域からの避難勧奨が行われた。在京のアメリカ人、フランス人には大使館からヨウ素剤が配られ飲用するように指示された。このことを私は自分の担当した訴訟に出廷したフランス人の陳述で知った。福島県内では三春町しかヨウ素剤が配られていない。

ヨウ素剤の飲用は、甲状腺ガンの防止に効果的であることはよく知られている。しかしヨウ素剤を飲用するような指示をすることは、パニックを広げるからと、この指示は行われなかった、と私は考えている。

福島県内では一九一人の甲状腺ガンの罹患が確認されているという（二〇一七年三月現在）。情報流通の自由への圧迫は、このような悲劇をもたらすのだ。

福島第一原発事故の後、首相官邸前、国会周辺では原発再稼働反対のデモが継続的に行われ、一時は一万人を超える人たちが参加した。ものすごい熱気だった。これが、菅首相（当時）の浜岡原発再稼働停止や、裁判所の再稼働停止の仮処分に影響を与えたことは明らかである。これは被害情報が広く伝えられたこと（報道の自由の確保）、市民の集会の自由、集団示威行進の自由が保障されたことによる社会の復元力、被害拡大防止への自己統治能力の発揮の結果である。他方で原発に近い福島では、放射能拡散の情報は住民に伝えられることなく、抑えこまれた（スピーディ情報不開示）。

緊急事態条項が憲法に書き込まれた後、福島第一原発のような事故が起きたらどうなるか。緊急事態宣言が布告される可能性は高い。内閣は法律に代わる政令によって、報道、インターネットによる事故と放射能拡散の情報の伝達を禁止するであろう。関連する公的機関、電力会社の幹部、職員、報道機関の編集幹部記者たちは、政令に基づく指示に従うことを要求される。パニック防止という統治目的に立って、情報拡散が抑えこまれるのである。国の原発政策転換を求める集会、デモ行進も抑えこまれる。

このことによって、自らの統治能力によって被害を乗りこえ、損害の拡大を防止しようとする動き、すなわち市民社会の復元力は大きく毀損《きそん》されることになる。

緊急事態宣言による表現の自由、知る権利の制約は、不要であるというだけでなく、きわめて社会にとって有害である。

2 司法上の人権

憲法は捜査権力の恣意的権力行使を抑えるために、警察、検察などの捜査機関が私人を勝手に逮捕して警察の留置場（代用監獄）や拘置所に身柄拘束をすることは禁じている（憲法三三条）。またある人が犯罪を犯す恐れがあると捜査機関が疑っただけでは、私人の家に踏みこんで捜索をし証拠物件を探しまわることは許されない。裁判所にその人を疑うに足りるだけの証拠を出して裁判官の発する捜索差し押さえ令状を発付してもらわなければならない（憲法三五条）。捜査権力の濫用防止のためである。

これは近代民主主義国家にとって、大切な原則である。

テロが発生して、その対策のための緊急事態宣言が行われた場合を考えてみよう。内閣は法律の効力をもつ政令を出せる。事前の国会の承認を経ないので、刑事訴訟法を変更できる。裁判官の令状発行の要件を緩和することもできる。共謀罪の適用範囲を現行の二七七の罪から一挙にすべての犯罪、特別刑法犯、軽犯罪法にまで拡げることもできる。

またフランスのように自宅軟禁といって、一日三回以上、警察に現在位置を報告させる制度の導入もあり得る。テロリストと疑っている、との口実と表面的な理由さえあれば、自宅で共謀罪が適用される犯罪の相談（共謀）が現に行われている、として現行犯逮捕のため、私宅に踏みこむ事態もあり得る。

実際フランスでは、二〇一五年一一月の大規模なテロの後、法律にもとづく緊急事態宣言が出され、三〇〇〇件の裁判所の令状を得ない警察上部の命令による捜索差し押さえと六〇〇人におよぶ自宅軟禁が行われた（アムネスティ報告）。

このような人権侵害の危険を指摘すると、テロ防止、再発防止のためには司法上の人権の試薬は必要だろうという反論が返ってくる。しかし、緊急事態条項不要論のくだりで述べたようにテロ防止の有効な対策は、法規制と監視の強化では結果を出せないのである。仮にテロが起こってしまった場合もテロは戦争ではなく犯罪なのだから、それに対応するには憲法と刑事訴訟法の規制のもとで、警察のしかるべき適切な捜査が行われるべきなのである。

3　結社の自由

多数人が政治、宗教、芸術など共通の目的をもって継続的に結合することを「結社」という。緊急事態条項の下で結社への干渉はどうなるだろうか。

この条項のもとでは、支配者の側では公益、公の秩序を優先する考え方が支配する。これに継続的に抵抗する政党、政治団体、市民団体など政治集団への抑圧が強まるのはわかりやすい道理である。共産党、民進党、社民党、自由党などの野党や総がかり実行委員会などの団体の行動規制、極端な場合には解散の措置の危険である。

二〇一六年三月二二日、国会議員の質問書に対する答弁として、「共産党の暴力革命の方針に変化はない、破壊活動防止法の調査対象団体である」とする答弁書を閣議決定した（同日毎日産経のネットニュース、翌日の朝刊各紙）。

これは法的にみてまことに乱暴な論理である。破壊活動防止法はもともと立法の当初から厳しい批判にさらされた憲法違反の法律であるが、法律の規定を仮に前提にしても破壊活動防止法の条文には調査対象団体などという概念も用語もない。

ある政党がこの社会を根本的に変革しなければ、憲法の想定するような、自由にして平等なそして健康にして文化的な人びとの幸福を保障できないと考え、社会変革のプログラムを掲げることは憲法二一条の表現の自由と結社の自由の中核的な価値である。憲法二一条は憲法の大原則である国民が主人公であるとの考え方にもとづき、市民一人ひとりはこの国の現状を考え、勉強し、そして未来社会の像を描き、同じ将来像を描く人びとと集団を形成し、政党や労働組合、市民団体を作り、そこに集い議論して支持を拡げる。このことに公権力は干渉してはならない。そのような法律、政令、条例を成立させ、施行することを禁止している。これが結社の自由を保障するということの意味である。

したがって、共産党は、暴力革命の方針を綱領や大会その他の機関決議に掲げているのでもなく、そのような行動をとってもいないのに、具体的な証拠も示さずに共産党を調査対象団体などとして仰々しく、国会に閣議決定を経て提出することなど内閣に許されるはずもない。

少なくない憲法研究者の論述で違憲の疑いを指摘されている破壊活動防止法でさえ、同法にもとづき調査を行う場合には厳しい規制を課している。

すなわち、団体に対する「規制措置を定めるために必要で最小限度」でなければならないとする。権限を逸脱して思想、信教、集会、結社、表現及び学問の自由、勤労者の権利など国民の権利を侵害してはならないとしているのである（同法三条）。この要件も無視して前記のような答弁書を作成し公開することなど、憲法や法律の専門家の批判に耐えられない。

二〇一五年の安保法制、戦争法反対の市民と野党の共同行動の中で共産党の果たした役割は少なからぬ識者の認めるところであった。筆者も、国会前や居住する地元国分寺市の共同行動の中でそのことを感じた。共産党は従来と変わって柔軟で自党の利益より統一の利益を優先するようになった、と感じた。

野党共同は進み、二〇一六年の参議院選挙の一人区でもその効果は明らかに発揮された。破防法の調査対象団体であるとの閣議決定は、こうした共同の動きに冷水を浴びせ分断をもたらす狙いがあったと思う。

こうした政府のずさんな人権感覚を見ると、緊急事態が憲法に書き込まれ、緊急事態宣言がなされたときに、共産党ほか野党、労働組合、市民団体などの活動を禁止抑圧し、しかも政府の命令に服従しない者には重い刑罰をも科す法律を成立させる蓋然性を過小評価してはならない。しかも緊急事態宣言のもとでは国会の議論なしに、内閣の閣議だけで法律と同じ効力をもつ政令を作れる。

4 財産権の制約

自民改憲案九八条では、緊急事態宣言の開始要件に、①外部からの武力攻撃、②内乱、③大規模な自然災害、が例示されている。熟読すると「その他の法律で定める緊急事態」とされている。

これほど人権侵害の蓋然性が高い緊急事態であれば、開始の要件が法律に任されているのはゆゆしきことである。この章の冒頭に掲げた芦部教授の『憲法　第六版』の定義に「恐慌」をあげていることに注目したい。緊急事態に関する法律では、恐慌が開始の要件に入る蓋然性は高い。恐慌とは、「景気循環が不況に止まらず、企業倒産や失業が急激かつ大規模に進行する現象」（有斐閣『経済辞典』第五版）のことをいう。銀行に行っても預金が下ろせない、株価が大暴落する。国債を国が払えなくなる、などの現象が起こる。このようなときに法律にもとづき緊急事態条項が宣言されるであろう。預金はいくら積んであっても銀行が破綻したときは一〇〇〇万円までしか保証されないという法律はすでに存在している。不動産などの資産をもつ人びとにはその資産をもっているだけで時価の三割の税金をかけるなどの措置が取られる可能性を否定できない（三木義一『日本の納税者』参照。同書の「あとがき」には、国会の質問でIMFが経済危機のときに日本にこういう要求をする可能性がないのか、と取りあげられたとの叙述がある）。自民党政権や安倍政権による海外投資、海外援助、オリンピックへの湯水のような資金のつぎ込み、東京電力への経済支援、巨大銀行への不良債権処理のための巨額資金のつぎ込みなどへの批判が強いが、極端な経済危機のときに巨大資本は保護しながら庶民の金融資産を奪いとって恐慌という危機を抜けだすという構想もありうる。いくら預金があっても一〇〇〇万円しか返還しないペイオフは憲法違反だと主張しても、緊急事態宣言のもとでは、人権は極端な制約を受けるという前提があるから、司法的救済は困難と言わざるを得ない。緊急事態宣言という憲法上の武器は、公権力の座にある者にとってはまことに便利で、庶民にとっては不幸を運ぶ使者と言わざるを得ない。

5　地方自治の破壊

現在の憲法では地方自治が憲法上の制度として重要な柱となっている。住民自治を保障するため、条例の制定権、地方議員と知事、市町村長を住民が選挙することを憲法上の権利として保障している。

自民改憲案九九条によれば、緊急事態宣言のもとでは、内閣総理大臣は知事ほか首長に指示を出すことができる。指示を出すことができるとは、知事がこれに従う義務を負うということである。法律で、指示に従わないときの効果も決めることができる。その法律に一時的に知事の行政権限を停止する政府権限も書き込むこともあり得る。

ここから想起されるのは、沖縄と新潟のことである。

沖縄県では、二〇一四年一一月に県知事選が行われた。辺野古基地建設に反対するオール沖縄の勢力が擁立した翁長雄志氏が現職の仲井眞弘多氏を抑えて一〇万票の大差で圧勝した。当選した翁長県知事は、前職の仲井真県知事が行った辺野古新基地建設のための埋め立て承認を取り消した。厳しいやりとりの訴訟手続きを経て、国は裁判所の容認を得たとして湾岸工事を強行しようとしている。翁長県知事を先頭とする県政は、今もなお基地建設に抵抗する姿勢を変えていない。その根拠とするところは、沖縄県民二四万人もの犠牲者を出した地上戦の体験にもとづく戦争反対の民意である。今後も県政挙げての辺野古基地反対の取り組みは続くであろう。

改憲ののち、内閣総理大臣が緊急事態を宣言したときは、沖縄県知事に対して、基地反対の取り組みをやめよという指示が出される。知事はそれに従わなければならない。従わないとき、国は知事の権限を制約するためなにができるのか。それは法律で定められるが、知事の行政権限停止など過酷な条項が法律によって定められない保障はない。

同じ危惧は、柏崎刈羽の七基の原発を抱えている新潟県についてもいえる。二〇一六年一〇月、県知事選挙が行われた。現在、運転を停止している七基の原発につき再稼働慎重派の米山隆一氏が、直前の立候補表明だったにもかかわらず自民、公明推薦の対立候補をやぶって当選した。地元公共団体の首長が同意しなければ、原発再稼働は困難となる。緊急事態宣言のもとでは、法律に基づき内閣総理大臣は指示を出せる（自民改憲案九九条一項）。現在の与党に選出された首相ならば、再稼働に同意せよとの指示を出すであろう。法律は、その指示に従わないときには同意があったものとみなす規定を設けるであろう。有無を言わせないのである。たとえ国政の方向と異なる方向でも、その地域では自治体の意向が尊重される。それが地方自治である。しかし緊急事態宣言のもとでは、地方自治は呼吸を停止させられるのである。

国家緊急権　手続き上の問題点

自民改憲案九八条には、国家緊急権発動の要件と手続きが記載されている。

手続き上の問題としては第一に開始要件の緩さがある。①武力攻撃、②内乱、③災害のほか、④法律で定める事態の時、とされている。このため憲法改正の厳格な手続きによらず、国会の多数派によっていくらでも開始の要件が緩められる問題がある。この中に経済恐慌でもなく、内乱ではない騒擾、つまり大規模なデモやゼネラル・ストライキなどが含まれてしまう蓋然性が高い。

第二は国家緊急権開始が事前の国会の審査を経ずに、内閣総理大臣の専権で宣言できることである。ドイツではワイマール憲法四八条（国家緊急権と独裁の条項）を悪用されてヒトラー独裁を許した。その歴史は五章でふれるが、ドイツでワイマール憲法四八条の歴史に詳しいアーヒムクルツ弁護士は次のように語った。

「緊急事態を決める者と執行する者を分けることがワイマールの教訓で、ドイツでは議会が（国家緊急権発動の要件にあたる）防衛出動事態を決める。ところが（自民改憲）草案ではその区別がなく、いずれも首相が担うことになっている」（「朝日新聞」二〇一七年二月二八日付、豊秀一署名記事）。

自民改憲案によれば緊急事態宣言濫用の危険は強い。武力攻撃、内乱にいたらない原発事故、基地撤去反対運動の高揚、外国への自衛隊派遣への抵抗運動、経済危機、生活危機におけるストライキなどの政府危機など、本来国家緊急権が予定している憲法秩序そのものが存立しえないという危機に達していなくても、首相の専断で緊急事態宣言が出される恐れがある。

しかもこの緊急事態は期間の絶対的制限がない。一〇〇日を超えるときには国会の事前の承認を要求するというだけで、国会多数派によっていつまでも継続されてしまう。

現在のドイツでは緊急事態の開始、継続について議会が判断するほか、憲法裁判所の司法介入の仕組みは停止されない（前掲「朝日新聞」豊秀一署名記事およびドイツ連邦共和国基本法一一五条）。このような縛りのない国家緊急権の発動が自民改憲案には書き込まれ、それは撤回されないままである。改憲発議の発議案を検討する権限をもつ憲法審査会（衆院）で緊急事態条項をめぐって討論がされ、二〇一七年三月二三日には賛成反対の両方の参考人質疑が行われている（二〇一七年三月二三日朝日新聞デジタル、同日産経ニュース）。

二〇一七年五月三日安倍首相「読売新聞」インタビューでは、緊急事態条項が改憲テーマに含まれると答えている。自民党幹部、日本会議系シンクタンクの言明については後述する。

対談　フランス・韓国の国家緊急権

李京柱・梓澤和幸　二〇一六年一〇月二〇日

〈リキョンジュ　韓国生まれ。一橋大学大学院法学研究科で日本国憲法などの研究をして学位を取得、慶北大学を経て、仁荷大学法科大学院教授（憲法）。韓国「平和ネットワーク」諮問委員〉

フランスの緊急事態宣言の仕組み

梓澤　今日は韓国仁荷大学法科大学院の教授で一橋大学の客員研究員の李京柱《リキョンジュ》さんに、自民党改憲案の緊急事態条項に関連していろいろとお話をうかがいたいと思います。

まず、李さんは韓国の憲法・法律についての専門家ですが、フランスの法についても詳しい。ご存じのようにフランスでは二〇一五年一一月にパリ同時多発テロ事件が起こって、緊急事態宣言が発せられました。そして、憲法における緊急事態、国家緊急権の規定の変更の議論にまでなりました。しかしそれは結局、憲法の改正にまでは至らなかったようですが、そのあたりの事情が一般の新聞を読んでいてもどうもはっきり頭に入ってきません。フランスの国家緊急権に関する憲法の仕組み、それからテロ対策など緊急事態の法律の仕組みについてお願いします。

李　はい。フランスの法律については専門というわけではないので、普通の研究者がもっている常識レベルですが、そういう限りで少し述べさせていただきます。

フランスにおける国家緊急権は、広い意味で三つあります。一つは非常事態で、これが現在の憲法の一六条に規定されています。この発動要件というのは非常に厳しくて、国家の独立、領土保全というのが危うくなるときに限って発動される。それから、これが発動されると憲法上の権限、つまり立法、司法、行政の権限の配分まで変更するという非常に広範にわたるものです。だから、これはあまり発動されたことがないんですが、一九六一年のアルジェリア独立に関わる軍のクーデターで一度発動されたそうですね。

それからもう一つは非常に難しい日本語ですが、「合囲状態」という、わかりやすく言えば戒厳令に当たるものですが、これが憲法三六条に規定されています。これは非常事態よりは弱い権限で、警察が秩序を維持できないような状態、つまり軍隊が秩序維持の権限をもつ、こういう状態を合囲状態というわけです。

この二つは憲法上の根拠をもっているんですが、もう一つあるのは緊急事態というものです。つまり警察力をはじめ文民、当局の権限を拡大するので、パリのテロ事件で宣言されたのはこの緊急事態なんですね。新聞などでは非常事態と緊急事態を混同していて、非常事態が宣言されたとなっているんですが、これは大きなまちがいです。今回は緊急事態なんです。

さて、この緊急事態が問題なのは憲法的な根拠がない。一九五五年四月三日の法律によるものなんです。当時のアルジェリアの独立戦争に関わってできた法律です。そして、この緊急事態の宣言は三年も続きます。ついに、この法律のみでは対処できないので、憲法にこういう緊急事態条項を入れようということで、さっき申しあげた非常事態と合囲状態を憲法一六条と三六条に規定したわけです。そうなるとこの緊急事態法、つまり、一九五五年四月三日の法律というのは、なくなったはずです。ところがこれが依然として機能していたんです。それで、一九八五年にこれは違憲じゃないかと、憲法上の根拠がないんだということで違憲判決を申請したのですが、憲法裁判所にあたる憲法院(コンセイユ・コンスティテューショネル)がこれは合憲だとの判決を出して、それが今も生きている状況です。

梓澤　一九五五年の四月三日の法律が、一九八五年に憲法院で合憲であるという判決が出たということですね。今回のテロをきっかけとして発動されたのは、一九五五年四月三日の法律ということですか。

李　そのとおりです。

フランスの緊急事態法はテロを予防できたか

梓澤　わかりました。新聞記事では、令状なき捜索、差し押さえ、令状なき自宅軟禁がやられていると報道されています。
　誰が命令を出し、どういう効力をもつのでしょうか。それから、このことによって人権侵害とか冤罪による被害が発生していないかどうか、そのあたりはいかがでしょうか？

李　フランスにおける最近のテロ事件を申しあげますと、まずは話に出ています二〇一五年の一一月一三日が一番大きかったんですが、その一年前の二〇一四年にもシャルリ・エブド・テロという事件がありました。なのでテロに対してかなり警戒心はもっていたんですが、二〇一五年一一月にまた発生しました。

　このテロ事件は同時多発的に、いろんな所で起こってしまいました。それで即日、緊急事態宣言をした。ところがですね、緊急事態宣言をしたにもかかわらず、一年たたないうちにまた別のテロ事件が起こったのです。

　そのテロは外部からのテロリストによるものではなくて、フランス国内にいるフランス人のテロでした。こうして見てみると、緊急事態宣言によってもテロを予防できないのではないかと思います。

梓澤　今、おっしゃったのは緊急事態法という法律でもテロを防止できないんじゃないか、ということですか？

李　ええ。防止できない。ところが、この緊急事態が宣言されるとどうなるかというと、梓澤先生がさっきおっしゃられたような令状なき捜索とか差し押さえ、自宅軟禁などが自由にできる。その根拠は、一九五五年四月三日法律第一〇条です。しかもその一〇条には、一九五五年四月三日より前の一九三八年にすでにあった、もっと厳しい緊急事態関係の法律の一部の条項が自動的に実施されるようになっているんです。その中身は、ストライキの停止、それから政府による賃金の決定や財産権の制限など、つまり、さまざまな人権の制限ができるわけです。また地方自治、地方の知事の権限を拡大し、行政、裁判、司法に対するいろんな制限ができるようになります。そういう状況になればいろいろな人権侵害がありえますし、冤罪なども出てくるでしょう。

梓澤　アムネスティ・インターナショナルなどの調査によると、まだ一つひとつの事例を個別に掘りさげているという段階ですが、まったく身に覚えのない人が、自宅からの移動を禁じられて職場に行けなかったり、一日に三回は居場所を、担当の警察に通知しなければいけなかったり、相当厳しい監視下におかれている人たちが多いと報告しています。

李　この法律のもとでは当然に起こりえる事態です。これだけ広範な権限を警察、それから当局が握っているということは、当然そのような人権侵害がありえるということです。今後これを調査していくと、もっと重大な人権侵害の事例が出てくると思います。たとえば、一九六一年に非常事態が一度宣布されたことがあると申しあげましたが、当時の報告では警察との衝突で、民間人が三人ぐらい死亡したというふうに発表されましたが、二〇年後に詳しく再調査をしてみたら、四八人も亡くなっていたことがわかりました。二〇年経って、この緊急事態の法律によってどういう人権侵害があったかというのが詳しく調査されれば、実はすごく大きな事件になると思います。

フランス憲法院は国家緊急権を抑制できるのか

梓澤　これもアムネスティなどの調査から見ているんですけど、今の時点で区切ってみたときに、令状なき捜索、差し押さえが三二四二件。それから令状なき自宅軟禁が四〇〇件、というようなことが報告されていました。これはもう、その後どんどんまた拡大されていると思います。

さて、このフランスの国家緊急権については憲法院や議会による抑制が加えられているという仕組みがあると……、日本の自民党の改憲案を意識しながらお聞きするんですけれども、そういうきちっとした押さえつけというか、そのあたりはフランスの場合どういうふうになっているんでしょうか。

李　私もそれほど詳しくは知らないのですが、そんなに抑制はできていないと思います。まず、憲法院（コンセイユ・コンスティチューショネル）は、もともとは事後違憲審査ができなかったんです。ある法律が国会でできて、公布する前に違憲性があるのかどうかを事前に審査をするだけだった。ですからある人が捕まって、それで裁判途中に、私は人権侵害を受けたとか、そういう訴えはできませんでした。ところが二〇〇八年に法律が改正されて、事後違憲審査もやっとできるようになるのですが、にもかかわらずそんなにその事例が多いとは思えません。憲法院に訴えを出すことができるということになっているけれども、どれぐらいの抑制力なっているのかは疑問です。

憲法院が緊急権に関してコントロールできる権限のもう一つは、その緊急事態に関する諮問をすることになっていることです。これはフランス憲法の一六条三項に規定されているんですが、その諮問の拘束力が弱い。あくまでも諮問にすぎないのです。

梓澤　なるほどね。わかりました。

では、テロの多発によってですね、緊急事態宣言の要件を緩和する、あるいは憲法自体の国家緊急権の発動要件を変えるというような動きがあったが、しかし、結局のところ憲法改正まではならないと新聞報道などではあるのですが、これはどういうことですか？

李　緊急事態が宣言されたんですが、その宣言の過程で要件が非常に抽象的じゃないかとか、首相の恣意的な判断ができるんじゃないかとか、そういう議論も同時に出てきました。するとフランス政府はこれを逆利用して、じゃあ、そうすると発動要件を強化するべきであって、そのためには法律じゃなくて、憲法にこれを規定すべきだというような憲法改正の大義名分をもちだしたわけです。憲法改正に反対する側では、そうすると法律じゃなくて憲法のレベルまで緊急事態を上げてしまうと、違憲性を争う機会が減っていくんじゃないかということで、強く反対していることが一つです。

もう一つは政府が、それなりの大義名分を出したんですが、改正案の中に二重国籍者の国籍剝奪条項も入れたんです。ところがフランスというのは二重国籍の人が多いわけですから、このあたりですごい猛反発を受けています。

また、改正案は下院にあたる国民議会では通過しましたが、上院にあたる元老院では修正された形で通過しました。そうなると修正された改正案が議論され、今度は両院、下院と上院が合同して会議をするところで五分の三以上の賛成を得ないといけません。五分の三以上の賛成を得るのはなかなか難しい。それで憲法改正までは行かないんじゃないかという報道になっていると思います〔＊憲法改正にはならなかった〕。

梓澤　なるほど。ちょっと補足する意味でうかがうのですが、フランスで二重国籍者が多いというのは、フランスは旧植民地であった北アフリカの諸国からの移民労働者が多い。すでに、もう数百万人の移民労働者が来ていますよね。その第二世代の、移民労働者の子どもたちというのは、親の本国の国籍をまずもっている。一方、国籍は出生地主義ですから、フランスで生まれると、フランスの国籍をもつと、ということは二重国籍になるわけですね。

するとと、二重国籍者の国籍剝奪条項というのは、そういう移民労働者の家族の子どもたち、孫たちのフランス国籍を奪うことになると。そういうことで強い反発が出た……ということでしょうか。

李　ええ、そうです。

梓澤　それからもう一つ、自民改憲案との関係で興味深かったのは、もし憲法における国家緊急権の要件を拡大、緩和するということになると、違憲として争う機会が少なくなる、ということでしたよね。そうすると、日本のように法律で緊急事態に対処しようというんじゃなくて、自民改憲案では、憲法の中で国家緊急権の規定を設けようというのだから、そこで人権制限を設けると、その人権制限がおかしいと言う場所がないんですよね。そういう手続きが保障されないわけですね。

李　だから、自民党が狙っているのは、結局そういうところじゃないんですかね。

今出している国家緊急権条項より、結局、妥協してかなり緩和されたものになることもありえますね。ということは自民党のほうからは、とにかくその根拠を憲法に残す。それから後の論点は全部潰す、というのが狙いじゃないですかね。

韓国の国家緊急権の仕組み

梓澤　私は、一九六〇年代に日本の民主主義と平和のための学生運動をやっていましたが、その同じ時代に韓国でも李承晩《イスンマン》政権のもとで、学生がデモの先頭に立って、犠牲を厭わずに闘っているということは伝えられてきて、非常に感動をもって受けとめていたんです。でも軍事政権は、デモを軍隊でつぶしたり、学生が四〇人以上殺されました。光州事件も日本では大きく報道されました。韓国の場合、大変な犠牲を払って、民主化を成しとげたのではないかと思っています。

そういう背景の中で、いったい法律の仕組み……軍隊や警察が出ていってデモ隊を滅茶苦茶にやる、そういうときの全体の法律的な仕組みというのは一体どんなものだろうかというような関心もあって、韓国の軍事政権時代の国家緊急権などについてお聞きしたいのですが。

李　梓澤先生の今おっしゃった個人的な印象とか経験というのは、個人的な、主観的な経験ではなくて、実は、韓国の憲法政治史と合致するところが多いんです。

まず、韓国の国家緊急権の仕組みを申しあげますと、現在三つの国家緊急権があります。一つは、さっきのフランスで言ったような、非常事態に当たる戒厳令というのが七七条にあります。これより少し弱いのが緊急命令なんですが、これが七六条にあります。緊急命令のうち、財政経済的に限った命令があるんですが、それが緊急財政経済命令及び処分といいます。この戒厳令と緊急命令の二つが重要です。

まず、緊急命令というのは朴正熙《パクチョンヒ》政権のときには緊急措置と呼ばれていました。この緊急措置というのがあまりにも乱用されて、大きな社会問題になりました。

緊急措置第一号というのは、憲法に関して論じること自体を禁止しています。憲法について議論したり改正を要求したり非難すると、緊急措置第一号で逮捕されるわけですよ。憲法学者も同じです。しかも軍法会議です。こんな怖ろしい緊急措置があったわけですね。それから第二号というのは日本の公安委員会にあたり、ＫＣＩＡ（大韓民国中央情報部）が捜索を担当したり、そういう権限を与えるものです。第四号というのが民青学連事件の緊急措置、つまり学生、青年たちの社会運動を取り締まるものです。これらがあまりにも酷かったので、緊急措置をなくして、要件を強化したものが緊急命令なんです。

戒厳令は今まで延べ一三回出されています。一九四八年憲法ができてからは一一回です。最初の二回は新しい憲法に拠るんじゃなくて、日本の戒厳令にあたるものです。一九五〇年の七月四日の戒厳令は朝鮮戦争ですね。これは三年ぐらい続きましたけれども、それは仕方がないとしても、その後にある一〇回はほとんど反政府、民主化運動に対して戒厳令が発せられたわけです。

たとえば一九六〇年の四月一九日、これはあの有名な「四・一九民主化運動」です。この一九六〇年の民主化運動、あれで李承晩政権が倒れたわけですね。それから一九六四年ですが、これは梓澤先生も参加した日韓条約反対運動が拡がって発せられた戒厳令です。一九七〇年の非常戒厳令は、朴正煕が長期政権を取ろうとしたことへの反対運動が全国的に拡がり、その運動を抑えようということで発せられました。一九八〇年五月一七日の戒厳令は光州民主化運動を鎮圧するためのものでした。

このように基本的には民主化運動を鎮圧するものとして、緊急権の一つである戒厳令が使われました。

緊急権以外の非常事態に対応できる法律

李　戒厳令と緊急命令など国家緊急権は、人的資源、物的資源に対するさまざまな動員法律につながります。韓国では緊急権以外にも、非常事態に対応できる各種法律が存続しています。非常事態対備資源管理法、徴発法、兵役法など。結局、実利はここにあるんじゃないでしょうか。こういう法律を作るためには、憲法的な根拠が必要であるということです。

行政組織も中央集権的な体制になっていくと思います。今後日本における緊急事態条項を考えるうえで、ぜひとも韓国と比較して、あるいは韓国を反面教師にすべきところです。

自民党改憲案の緊急事態条項の動きというのは、九条を迂回するためのもの、つまり、安保関連法の裏付けの側面が強いと思います。戦争できるようにするためには徴発法とか徴役法であるとか、物資の資源管理法などの諸法律が必要です。そのためには根拠が要る、ということで、緊急事態条項の提案がされているのではないでしょうか。

もう一つ心配なのは、戒厳令など国家緊急権が実施されると、米軍との関係も整えることになります。たとえば韓国は戒厳令が宣布されると、指揮権が米軍に移ります。日本が現在どうなっているかわかりませんが、アメリカとの調整が必要になるでしょう。一部では日本とアメリカとの間の密約があるので、有事の際には指揮権がアメリカに行くんじゃないかというような議論もあるようですが、こういうことがより合法化されるのは十分予想されると思います。

それからもう一つは、アメリカとの関係で、アメリカに対する兵站がすごく強化されると思います。たとえば、韓国とアメリカの間には戦時接収国支援協定というのがあるんですが、これが問題なのは、戦時だけではなくて、戦時のためには平常時にも物資を報告してもらったり管理しないといけないわけなんですね。だから平常時も戦時に備えたいろんな物資管理というのが必要になるわけです。つまりこういうことを全体的に見ると、もう戦時体制に近いような状況が、常にこの社会に拡がるというわけです。これはまさにもう戦前の日本の体制に近い。むしろそれよりも強いかもしれません。

梓澤　かつて日本に国家総動員法という凄い法律がありましたけれど、国家総動員法のような法律が、つまり、国家緊急権に対応して、法律にもとづきというのが自民改憲案九八条、九九条に随所に出てくるんですけど、その法律とはなんぞやというと、韓国のようなモデルがあると、そういうことですね。

李　ええ。

梓澤　韓国の資源管理法とか徴発法とか兵役法というのは、もし、それに抵抗して従わないと刑罰法規もあるわけですか？

李　もちろんそうです。

梓澤　なるほど。たとえば非常にわかりやすいので、徴兵のことを聞きますけれども、徴兵にもし従わないとどういう刑罰なんですか？

李　今も良心的兵役拒否をする人はいますが、彼らは現在懲役一年六ヵ月です。以前は二年とか二年半でした。

韓国の「表現・結社の自由」はどうなっているのか

梓澤　次に、これは自民改憲案の二一条二項に、表現の自由は保障すると一項に書いたものの、二項では表現の自由は保障するけれども、公益、公共の利益に反するような表現の自由はこれを禁止すると。また、そのような結社の自由も制約されるというのがあって、これは政党、政党活動の自由に及んでくるんじゃないかなという危惧があって、いろいろとドイツの事例、韓国の事例については関心をもっているんですけれども、そのあたり、韓国ではいかがですか？

李　韓国で最近、二〇一四年に特定政党の活動は禁止され、解散されたことはあるんです。その経緯は、韓国では北朝鮮と対決しているということもあり、進歩的な政党というのは、長い間禁止されていました。ところが一九八七年の民主化運動を通じて、進歩的な政党を作ろうという運動が徐々に力をつけて、一九九七年に「国民勝利21」という政党ができます。これが二〇〇〇年には「民主労働党」というようになって、この民主労働党というのが二〇〇四年に一〇議席をとりました。第三党まで上がりました。韓国も、日本みたいに小選挙区比例並立制ですが、比例のほうでだいぶ議席を取りました。この民主労働党というのが他の進歩政党と合同をして、二〇一一年一二月に「統合進歩党」という新しい政党を作って、これが勢力を拡げる中で二〇一三年には政府が政党解散請求をして、二〇一四年には憲法裁判所が活動禁止決定をやったわけです。

梓澤　二〇一三年に統合進歩党に対する政党解散請求というのをやったのは、どの政権ですか？

李　朴槿恵《パククネ》政権です。

梓澤　法律の仕組みで、なにに反すると政党解散審判請求ができるのですか。

李　韓国の法律、憲法第八条にはこういう条項があります。政党の目的もしくは活動が民主的な基本秩序に違反する場合に解散請求ができる、と。問題はその「民主的な基本秩序」です。韓国憲法第四条に、「自由民主的な基本秩序」という言葉が出てくるんですが、憲法裁判所はこの自由民主的基本秩序が「民主的な基本秩序」の中身だと解釈しているんです。

ところが日本でも、自由民主的な基本秩序というのは、自由民主主義と同意語であると考えるんですが、これがドイツではかなり意味が違うんです。そもそも自由民主主義というのは、立場がまったく違う敵に対しても自由な表現を許すものなんです。ところがドイツでは戦後、その自由民主主義、つまり自由の敵に自由な表現を許して、結局、ナチスが登場したということで、自由の敵には人権を制限しうるというような民主主義を定立したわけです。それをなんと呼ぶかというと「自由民主的な基本秩序」と。だから言葉は似ているけれども中身が全然違うわけなんです。韓国でもこれを悪用してリベラル政党を全体主義者と勝手にみなして、こういう請求をしたわけです。

もともと、この韓国憲法八条というのは、政党を保護するための条項でした。ところが八条四項のこの「民主的な基本秩序」を非常に反動的に解釈しちゃうと政党保護条項じゃなくて、今の事件のように、政党を解散しうるような条項になってしまうのです。

梓澤 なるほど。統合進歩党はマルクス主義的な……つまりプロレタリアートが権力を取って、プロレタリアート独裁、日本の共産党はプロレタリア独裁という言葉を使わないで、社会主義をめざす権力という言葉を使っているんですけれども、そういうマルクス、エンゲルス、レーニンが唱えた社会主義的な革命の綱領をもっているんですか?

李 いや。一切もっていません。出していない。憲法裁判所はどういうふうに判断したかというと、「隠れた目的だ」と。

梓澤　隠された……。

李　だから綱領には表に出ていないけれども、実際には社会主義とかマルクス主義を追求しているんじゃないかというふうにしたわけですね。もちろんリベラルな政党だから、その一部ではマルクス主義的な方向で行くべきだとか、そういう人も一部いたでしょう。

それで、それらの人の合宿セミナーがあったんですが、そこに、スパイを入れて、というか、誰かが録音をして、一部の議論を全体に拡大して、この人たちは表向きはそういうことを出してないけれども、実は隠しているというふうにするわけです。だから、自由民主主義の敵だ、こういう自由民主主義の敵には政党保護などできないんだ、というような感じですね。

ところが面白いのは、憲法裁判所はこのように、目的が不純であると、それから危険な勢力であるというふうに判断しているのですが、最高裁にあたる大法院は、同じ事実について違う判断を下しています。つまり、この人たちは内乱を陰謀しているわけでもない。その一部の人が内乱を扇動した疑いはあるんだけれども、内乱を陰謀しているわけではない。それからこの一部の人というのは、この党全体を左右する力もなく、その一部の人に過ぎないというふうに判断しているのです。それからこの一部の人というのも、組織であるかどうかは疑わしい。つまり検察ではこの一部の人びとをＲＯ《アール・オー》というように名付けているですが、ＲＯというのは、レボリューショナリー・オーガニゼーションなんですね。これはもともと普通名詞です。特定じゃなくて。憲法裁判所はこれを特定して、こういう人たちが一つのコア勢力であって、こういう人が内乱を陰謀したとしているんです。ところが大法院では、このＲＯという一部の人びとは組織とはとうてい見えないと。だから一部については無罪を、一部については有罪を判断したんですが、大法院はこういう判断を下すという噂があったみたいで、大法院の判断が出る直前に、憲法裁判所が、ＲＯというのは危険な組織であって目的を隠しているということで、憲法八条四項つまり自由民主的基本秩序に反する組織にあたるという詭弁にもとづいて解散させてしまったわけなんです。

梓澤　大法院の決定と憲法裁判所の決定は、どちらが優先するんですか？

李　大法院はこの統合進歩党事件の刑事事件としての判断であり、政党解散の如何に関する判断については憲法裁判所で行います。

もちろん同じ事実についても裁判の種類によって違うわけで、たとえば刑事裁判では明白な証拠がなければ有罪とは言えないでしょう。ところが憲法裁判所はそうではないから、こういう理屈もできなくもないのですが、もともと憲法裁判所というのは政党を保護する立場であるわけだから、やはりこれは政治的な判決であったというような批判が大きいです。

梓澤　なるほど。

李　だから日本の場合、その自民党草案の二一条の二項（「公益および公の秩序を害することを目的とした活動を行い、並びにそれを目的とした結社をすることは、認められない」とする条文）というのは、韓国のように政党解散まですぐ直結するとは言えないかもしれませんが、近いうちにこういう条項までつながる可能性もあるし、拡大される可能性はあるとは思います。

韓国から見る日本の危うさ

梓澤　わかりました。

さて、最後の質問ですが、韓国の同時代人として、つまり隣国である韓国で憲法学の研究をし、人権運動に携わってこられた李京柱さんとして、日本の緊急事態条項を含み、あるいは九条改正を含む改憲動向について、李さん自身どう考えていらっしゃるか、それから韓国の人権派の人たち、民主運動の人たちはどう考えていらっしゃるか、この点いかがですか？

李　そうですね、韓国でも日本の改憲動向、緊急事態条項、それから日本の国会で強行採決された安保関連法について非常に心配しています。特に憲法の改正とつながるはずの安保関連法について心配しています……。

韓国からの観点から、その安保関連法を見てみるとこうなるんです。まず、その「重要影響事態」を見てみますと、これはもともとの周辺事態を拡大したものです。で、周辺事態というのは東北アジアが主な焦点でしたけれども、重要影響事態というのは地理的な制限をなくした、にもかかわらず、依然として朝鮮半島の有事というのが一番大きくなるんですが、その重要影響事態で日本が主にやれるのは、アメリカ、米軍に対する後方支援なんです。後方支援が以前の周辺事態法では戦闘発進していない飛行機に対しての給油、あるいは給水にとどまったんですが、今回の法律では弾薬であるとか、発進準備中の戦闘機にも給油できるとなっているんです。

もう一つは、その後方支援ができるのは、現に戦闘が行われていない地域にまで広がっているんです。そうすると、これを朝鮮半島に適用すると……三八度線あたりでなにかあった場合、釜山あたりは現に戦闘が行われていない地域に当たるんです。そうすると米軍の後方支援のために、場合によっては自衛隊が釜山に、朝鮮半島に上陸するかもしれない、ということになるわけです。このことについて韓国の新聞にも大きく報道されました。もちろんここには韓国政府の同意が必要であるとなってはいるんですが、韓国とアメリカは軍事的な同盟関係にあるわけだから、しかも実際に戦闘が行われてアメリカから自衛隊の上陸を同意してくれというふうに頼まれると、断ることが難しいと思います。

梓澤　政治的、国家的な力関係からいくとそうですね。

李　そうなんです。そうなると自衛隊に衣更えした日本軍が朝鮮半島にまた上陸する。しかも過去の歴史問題がスッキリ究明されていない中で、自衛隊がまた上陸するということについて非常に不信感、警戒心が大きいんです。

梓澤　それは、日本の国内で反対運動をやってきた私たちとしては、気がつかなかった視点です。

李　そうですか。日本の安全についてはみんな気にしていますが、日本に対する安全というか、日本が戦争ができるようになった場合に、その日本をどういうふうに牽制するかということについてはあまり考えていないというか……。ところが隣国ではそういうことをむしろ心配しているという感じです。

それから日本は、アメリカとの軍事地位協定、駐屯軍地位協定だけじゃなくて、国連軍とも地位協定を結んでいます。これは日本でもあまり知られていませんが、この国連軍というのは一九五〇年の国連軍ですよ。朝鮮戦争のときの国連軍が、組織的にはまだ残っていて、その国連軍と日本が軍事地位協定を結んでいるんです。それは生きているんです、今。日本の米軍基地へ行くと旗が三つあります。一つは日の丸、一つはアメリカ国旗、もう一つは国連旗なんです。それは、ふつうの人はあまり知らない。こういう状態なんです。

もし衝突が起きたりすると、攻撃する側では当然、その兵站基地として使われている日本の基地への攻撃もあり得るわけですから、そうなると日本も戦争に巻きこまれてしまう。

戦争に巻きこまれるという危険性の側面からすれば、「存立危機事態」も似かよった状況であると思います。

梓澤　「武力攻撃事態等及び存立危機事態における我が国の平和と独立並びに国及び国民の安全の確保に関する法律」ですか。

李　武力攻撃事態法というのは、日本が直接攻撃されたときの法律です。ところがその存立危機事態というのは、直接日本が攻撃されなくても、たとえば朝鮮半島が有事になる、そうすると日本の存立にも関わるわけですから、そうすると朝鮮有事の際に存立危機事態が宣言される可能性があります。そうすると北朝鮮のほうで見ると、自衛隊がアメリカ軍とともに北朝鮮と戦う、戦争するわけなんですが、そうなるとですね、たとえなんですが、北朝鮮も当然、日本に対しても攻撃をしたがることになると思います。兵站基地でもあるし、発進基地でもあるんだから。ところが日本には原発が五四基もあるわけですから、非常に危ない状態になるでしょう。そして、日本だって一九五六年から、敵の基地に対する攻撃論というのがずっとあって、現在は基地を実際に攻撃するような能力をもっています。たとえばF35A戦闘機なんかは飛距離が一一〇〇キロメートルにわたるわけだから、当然北朝鮮へ攻撃できるわけです。

日本政府は敵の基地を攻撃する能力はあるけれども、態勢はまだできていない、システムはまだできていないというように言っていますが、いずれそういうこともできるわけですから、そうすると朝鮮有事の場合に当然日本も戦争に巻きこまれる、ということになり、韓国の人びとも心配しています。

梓澤　なるほど。日本の国内から論じているだけでは見えてこない視点です。私自身の知らない知見も教えていただいたし、大事なのはアジアから見て今の日本が、そして日本がアメリカと組んでいる体制がどう見えるかということを考えることですね。

今日は、どうもありがとうございました。

第五章　ワイマール憲法下でなぜナチス独裁が実現したか

——歴史と憲法の陥穽《かんせい》

ドイツでは第一次世界大戦後、帝政を倒して共和制が実現した。その際に国の基本的統治機構の定めと人権保障を決めたのはワイマール憲法である。国民主権の原則とその時代では最も進んだ人権保障をうたった憲法と言われる。

深刻な戦争被害と経済的困難を背景とした国政変革であり、労働運動や進歩的な野党勢力の力量もあった。このワイマール共和国が崩壊してヒトラーを首班とするナチス政権がなぜ実現してしまったのか。

この負の教訓は、ぜひとも勉強して日本のこれからに生かしていかなければならない。このテーマは、憲法のあり方という分野にとどまらず社会運動、労働運動、政党のあり方といった世界史、ヨーロッパ史、社会学や政治学の分野にもおよぶ知見も必要である。

その専門ではない筆者にとっては一般教養的な知識を基礎に論ずるほかはないが、そうした広い視野をもちつつ、本書のテーマである国家緊急権に関連してワイマール憲法の欠陥を見ておきたい。それは日本国憲法に自民改憲案九八条、九九条の緊急事態条項を書き込むことの意味を明らかにすることにつながると考えるからである。

麻生副総理は二〇一三年七月二九日、国家基本問題研究所月例研究会における講演で、「ワイマール憲法がいつのまにか、ナチス憲法に変わっていた……だれも気がつかないで変わったんだ。あの手口学んだらどうかね」と発言した。

この発言自体、ナチス・ドイツに対する潔癖な拒否を示していないという点で、厳しい批判を浴びるべきである。学習院大学卒業後の経歴から見て、実に不思議な歴史認識と、リベラルアーツの水準だと、いぶかしい気持ちになる。欧米の政治家がこのような発言をした場合、失脚に追いこまれることさえある。実際、ユダヤ人の人権団体サイモンウイゼンタールセンターは即座に厳しい抗議声明を出した。

しかし本書の文脈で大切なことは、麻生副総理がワイマール共和国の成立からナチス政権の登場に至るまでの歴史を、同氏の立場から研究していると見られることである。

改憲に反対の本書の立場からも、改めて第一次世界大戦後ヒトラーの権力掌握に至る歴史と、ワイマール憲法の国家緊急権の使われ方を見ておく必要があると考える。

ドイツ帝政からワイマール共和制へ

一九一七年一〇月、第一次世界大戦の最中にロシア革命が起こり、レーニンに率いられた革命政権は休戦を申しいれた。ドイツではこれを受けいれる機運も盛りあがり、戦時中の一九一八年には、五〇万人という平和を求める大規模なストライキも起こった。しかし軍部は、ロシアとの間ではブレストリフスク講和条約を結んだものの、イギリス、フランスとの間ではなおも戦争を続行した（石田勇治『二〇世紀ドイツ史』白水社、池田浩士『ヴァイマル憲法とヒトラー』岩波現代全書）。

一九一八年一一月、ドイツ海軍はイギリス海軍との戦いの劣勢を挽回しようと全海軍に出撃を命じた。しかし一一月三日、キール軍港で兵士の反乱がおこり、これが全国に波及して、各地で兵士と労働者が立ちあがってレーテ（労兵評議会＝ロシア革命によってできた自治組織「ソビエト」のドイツ語訳）を組織してたくさんの人びとがここに集まった。

このレーテが同年一一月一〇日に首都ベルリンを制すると、皇帝ウイルヘルム二世はオランダに亡命して帝政は崩壊し、ドイツは共和国となった。一九一八年一一月、共和国政府は連合国と休戦協定をむすび、第一次世界大戦は終結した（木村靖二ほか『詳説世界史』山川出版社）。

ドイツ民衆の力による下からの革命である。

敗戦したドイツと連合国との間で一九一九年六月ベルサイユ条約が結ばれ、双方に莫大な人命と財産の損害をもたらした第一次世界大戦は終わった。

帝政が終わり、戦争を終結させた共和制は内政においては複雑な対立、国際的には敗戦国としての戦後賠償を含む、戦後処理という重荷を背負って出発しなければならなかった。共和国政権は、戦時中に戦争続行を主張する軍部と対立して帝政議会で平和決議をおこなった社会民主党、中央党、進歩党の三党の連合政権によって担われた。戦争の初期に、マルクス主義に立脚し反戦を唱えてきた社会民主党は、戦争賛成に態度を変更した。これに異論を唱える党内左派の人びとは、独立社会民主党を結成する（一九一七年）。独立社会民主党の内部では、労兵評議会が権力を掌握すべきだと主張する潮流があった。しかしこの主張は労兵評議会の全国大会でも多数を形成できなかった。これに不満をもった人びとはドイツ共産党を結成する（一九一九年）。帝政の崩壊をもたらした革命勢力の推進に熱心であった共産党と、社会民主党を含む共和国政権との間に深刻な対立が生まれた。一九一九年、労兵評議会による権力掌握をめざして蜂起した共産党は、右翼的な心情をもった軍人たちの組織である義勇兵団（フライコール）を利用した政権によって弾圧された。共産党のリーダーであるカール・リープクネヒトとローザ・ルクセンブルクは同年はじめ、右翼軍人に殺害された（前掲池田浩士『ヴァイマル憲法とヒトラー』、『詳説世界史』三四二頁)。

一九一九年八月、ワイマールで開かれた国民議会に向けての選挙を共産党はボイコットし、人びとに選挙で投票しないように訴えた。しかし選挙は成功のうちに行われた。制憲議会で憲法(ワイマール憲法、一九一九年八月一一日)が採択制定された。ワイマール憲法はドイツが共和国であること、国家権力は国民に由来すると定め(第一条一項、二項)国民主権原則を宣言した。男女平等の普通選挙権がうたわれた。大統領については直接選挙制とされた。この憲法のもと、初代大統領は社会民主党のエーベルトとなった。このようにワイマール共和国は、社会民主党を中心とする政権与党の連合と独立社会民主党、共産党との葛藤という、帝政を打倒した勢力の内部の対立と戦時からもちこされた武装した右翼軍人の組織の存在という体制上の重荷を背負って出発した。後者の構成員のかなりの部分は、のちにナチスの私兵組織であるSS(親衛隊)に参入してゆく。

以上の体制内部の対立に加えて、ワイマール共和国には経済上の困難があった。

ワイマール共和制とドイツ国民の抱えた戦後苦難

ワイマール共和国が抱えた課題は、ベルサイユ条約で負担した莫大な戦後賠償の支払いと戦争で疲弊した経済の復興であった。戦後賠償の金額は一三二〇億マルクというもので当時の国家予算の二〇年分に相当するという。海外の植民地の喪失、領土の割譲（人口七〇〇万人減）、このような莫大な賠償の支払い負担となれば国政の運営は困難をきわめ、国の進路をめぐって政治的論争が激しくなるのは当然だった。

それでも一九二二年から一九二九年までは共和国の政情は安定し、この時期は相対的安定期と言われている。しかしアメリカに始まる一九二九年世界恐慌が、もともと経済的困難を抱えたドイツを襲った。それは経済の混乱と国民の著しい生活困難をもたらした。

前述のように、ドイツ共和制と国民はベルサイユ条約で約束した戦時賠償の負担と一九二九年の世界大恐慌で苦しんだ。帝政は崩壊したが、旧体制の復活をもくろむ軍部、官僚、右翼的政治家たちの存在があった。この勢力はワイマール共和国の存続そのものへの反感を示した。

第一次世界大戦の戦後処理の中で、民主主義に不慣れな政党間の合意形成の困難があった。ワイマール憲法に盛りこまれた大統領の強権（独裁といってよいほどの）がたびたび発動された。ワイマール共和国の歴史の中で、それは二六五回も発動された（Ch・グズィ『ヴァイマール憲法　全体像と現実』風行社）。また政権に入った社会民主党と在野の共産党の路線上の対立が激しく、ときには死者を出すほどの暴力的対立にまで及んだ。一九二九年五月、プロイセン州政府の禁止にもかかわらず共産党はメーデー行進を決行し、州政府の警察はこれを弾圧し、三一名の死者が出た（血のメーデー事件）。共産党は、当面克服するべき対象を社会民主党だとする社会民主主義主要打撃論をとり、社会民主党との対立を強めていた。ワイマール共和国は、旧帝政をよしとする保守派、官僚、右翼的軍人などが政権に入り、諸派連合で成りたつ政府を運営する責任を負う社会民主党、そして共和制をもたらしたドイツ革命を現場で支えたレーテに基盤をおく国家構想をもつ共産党、この三つどもえの対立を抱えていた（前掲『ヴァイマル憲法とヒトラー』）。

他方、連合国の示す戦後賠償は金額を下げられたものの（一九二九年六月のヤング案）、支払いの負担が数十年にも及ぶもので、これに対するドイツ国民の反感を基礎として右翼勢力の伸長もあり、共和国打倒を叫ぶ勢力も出てきた。ヒトラーは一九二三年のカップ一揆失敗以来、影響力を失っていたが、この時機にヒトラーに接近した勢力を利用して再浮上した（前掲『二〇世紀ドイツ史』）。

ナチ党はこうした状況の中で、ベルサイユ体制打破、排外主義、ドイツ民族に属する国民の平等（ユダヤ人と社会民主党、共産党などのマルクス主義者排除を前提としての平等である）路線を強調し、次第に国民の支持を獲得していった。こうした国内における政治勢力の激しい対立を乗りきるため、ワイマール憲法に規定された大統領の強権がしばしば発動された。
ワイマール憲法四八条に定められた大統領大権の条項を以下に掲げておきたい。

ワイマール憲法四八条

一、あるラント（州、訳文ではラントだが、本書では以下煩雑をさけるため州という語をあてる）がライヒ（国、訳文ではライヒだが、本書では国という語をあてる）憲法、又は国の法律によって課せられた義務を履行しないときは、国の大統領は、武装勢力を用いてこの義務を履行させることができる。

二、ドイツ国内において、公共の安全及び秩序に著しい障害が生じ、またはその虞れがあるときは、国の大統領は、公共の安全及び秩序を回復させるために必要な措置をとることができ、必要な場合には、武装兵力を用いて介入することができる。この目的のために国の大統領は、一時的に第一一四条（人身の自由）、一一五条（住居の不可侵）、一一七条（信書、郵便、電話の秘密）、一一八条（意見表明等の自由）、一二三条（集会の権利）、一二四条（結社の自由）、及び一五三条（所有権の保障）に定められている基本権の全部または一部を停止することができる。

三、国の大統領は本条第一項、又は第二項に従ってとった措置について、これを遅滞なく国の議会に報告しなければならない。これらの措置は国の議会の要求があれば、失効するものとする。
四、危険が切迫している場合には、国の政府（著者注内閣）は二項に定められている措置をとることができる。これらの措置は国の大統領、議会の要求があれば失効する。
五、詳細は国の法律で定める。

（高田敏・初宿正典編訳『ドイツ憲法集　第五版』信山社）

後にヒトラー政権の出現を許すことにつながる、ヒンデンブルク大統領がとったワイマール憲法四八条二項に基づく国家緊急権の発動は、すでに異常な出来事ではなくなっていた。大統領独裁の日常化である。

ナチ党が躍進した総選挙とヒトラー政権の誕生

一九二九年恐慌の後、ナチ党は国政選挙で著しく支持率を上げるがその理由は高い失業率で、将来に不安を抱く小規模経営の企業家、農家など、中間層に希望を抱かせる政策を選挙に際して打ちだしていったことである。

一九二九年の大恐慌にドイツも大きな影響を受けており、失業率は高率で推移した。一九三〇年に社会民主党を含む連立政権は、失業保険の負担を資本家、労働者がどれだけ担うかという論点で合意を形成できず、内閣は総辞職に追いこまれ、以降は大統領の任命だけで首相が選任されるという時代に入った（その後、失業率はますます高率となり一九三二年には二九・九パーセントに及んだ）。

一九三〇年七月、ブリューニング首相の財政改革案が国会で否決され、大統領緊急命令としてこれが公布されたが、さらに国会が否決し、ブリューニングは国会を解散した。

その総選挙の結果、ナチ党は六四〇万票をとって第二党になり、共産党は第三党になった。社会民主党は第一党の座は守ったが、得票率を二九・八パーセントから二四・五パーセントに減らして党勢を弱めた（巻末資料参照）。

その後の大統領選挙ではヒンデンブルクが再選された。ヒンデンブルクは第一次世界大戦中、タンネンブルクの戦いでロシア軍を破り軍事上の英雄とされていたが、彼の二回にわたる大統領当選自体がこの当時のドイツ国民の復古的姿勢を表すものでもあった。

一九三〇年九月の総選挙でナチ党は六四〇万六九二四票をとり、得票率は一八・三パーセント。社会民主党の八五七万五六九九票、得票率二四・五パーセントには及ばない。さらにこのときの共産党の四五九万四四五三票、得票率一三・一パーセントを見ると左翼の側の支持率は高い。このころのドイツは、戦後賠償の負担と世界大恐慌の影響で、経済的には深刻な状況におかれていた。失業率も高かったが、時の政権は増税と公共投資の縮小というデフレ政策をとった。『ヒトラー独裁への道―ワイマール共和国崩壊まで』（ハインツ・ヘーネ、朝日選書）などによると、ブリューニングはドイツ経済の困難を連合国に見せつけることによって賠償の引き下げを図ろうとしていたふしもあったという。この政策のため失業率は一層拡大し、国民の経済困難は一層増大した。このため政治に深刻な不満をもったドイツ国民は、資本主義を改革せよと叫ぶナチ党と共産党に期待を寄せる傾向にあった。一九三二年には総選挙は二回行われた。一回目の七月三一日の総選挙では、ナチ党は一三七七万九一一一票（得票率三七・四パーセント）をとり第一党となった。社会民主党は前回に引きつづき党勢を弱めたが、共産党は得票数、得票率を伸ばした。同じ年の一一月に行われた総選挙では、ナチ党は票を減らしている。これは前掲書などによると第一党をとったナチ党が、暴力的な蛮行を行ったのを見て支持を減らしたのだという。

その後、ワイマール共和国に反感をもつ官僚、軍部、大資本家たちがナチ党に期待と力を寄せていった。たとえば、こういうことがあった。ドイツの鉄鋼業のクルップ財閥を含む重工業会から、一九三三年三月五日の総選挙には三〇〇万レンテンマルクもの献金がなされた（ウヲルフガングイエーガー『ドイツの歴史〔現代史〕』明石書店、二四二頁）。この寄付の金額を当時の円に換算し、さらに企業物価指数によって二〇一六年当時の物価に換算するとなんと二六・七億円の高額の寄付金である。ナチス党の支持率の増大は単なる狂信的な超右翼集団による票集めだけでなく、経済的な損得を計算した資本家たちの支援も背景にあったことを見ておきたい。

国会放火事件と全権委任法

一九三三年三月五日の総選挙の直前にあたる二月二七日夜、国会議事堂放火事件が起こった。マリヌス・ファン・デア・ルッペというオランダ共産党の党員とされる男が、何者かとともに国会議事堂に放火したとして逮捕された。ナチスによるフレームアップ事件という有力な説もある。

内閣の中では少数派であったが首相となっていたヒトラーは、ヒンデンブルクに大統領緊急令を出すように迫り、ヒンデンブルクはこの要求に屈し、緊急令を出した。ワイマール憲法四八条を悪用し、この措置によって共産党の活動は禁止され、全国で一万人（前掲『ヒトラー独裁への道』）の共産党員が逮捕された。現職の国会議員、州議会議員、組織幹部などである。社会民主党の活動にも足かせがかかった。緊急令の発動により、ナチス独裁の基礎がここに固まった。

しかし、このような制約のもとでも三月五日の総選挙で、共産党は八一議席、社会民主党は一二〇議席を取った。驚異的なことであるが、野党勢力はこれだけの実力をもっていたのである。

総選挙後、初の国会でヒトラーとナチス党は、全権委任法を国会に提出した。それはきわめて率直、法律で憲法を破壊する姿を示している。ここにその条文を掲載しておきたい。

1　ドイツ国の法律は、憲法に規定されている手続き以外に、ドイツ政府によっても制定されうる。本条は、憲法八五条第二項および第八七条に対しても適用される。
2　ドイツ政府によって制定された法律は、国会および上院の制度そのものにかかわるものでない限り、憲法に違反することができる。ただし、大統領の権限はなんら変わることはない。
3　ドイツ政府によって定められた法律は、首相によって作成され、官報を通じて公布される。特殊な規定がない限り、公布の翌日からその効力を有する。憲法六八条から第七七条は、政府によって制定された法律の適用を受けない。
4　ドイツ国と外国との条約も、本法の有効期間においては、立法に関わる諸機関の合意を必要としない。政府はこうした条約の履行に必要な法律を発布する。
5　本法は公布の日を以て発効する。本法は一九三七年四月一日と現政府が他の政府に交代した場合、いずれか早い方の日に失効する。

この全権委任法が国会に上程されたとき、共産党議員の姿は国会になかった。全員逮捕されていたからである。反対の態度を決めた社会民主党の議員が国会に登院するときには、ナチスの親衛隊の隊員が両側に陣取って人の列を作り、議員たちに罵声を浴びせ、暴力を加えた。二人の社会民主党議員が拘束された（E・マティアス著　安世舟・山田徹訳『なぜヒトラーを阻止できなかったか』岩波現代選書　一一〇頁）。

全権委任法は一九三三年三月二三日可決された。この全権委任法は、内閣による独裁をもたらした。なにしろ、内閣が決めた法律によって憲法を改正できる。

世界で最も進んだ人権保障規定を誇るワイマール憲法は、形式としては残ったが、その核心となる精神は破壊されたのである。

ここでもう一つ強調したいことがある。ドイツ共産党を非合法に追い込む口実とされた国会放火事件の犯人として逮捕されたマリヌス・ファン・デア・ルッペ（オランダ人）は、有罪とされ処刑されたが、ブルガリア共産党員であり、同国から亡命していたゲオルギ・ディミトロフをふくむ四名のブルガリア共産党員は、自ら闘ってまったくのフレームアップだったことを裁判手続きの中で明らかにした。

ディミトロフは、無能でやる気のない官選弁護人の力を借りず、驚嘆すべき被告人の自己弁護活動によって、犯行にまったく関わっていない、という無実を証明した。

筆者の手元にあるディミトロフの公判闘争記録の書（ゲオルギ・ディミトロフ著、高山幸吉訳、刀江書院、一九七二年）には、法廷での弁論を展開するディミトロフの写真が載っている。手錠、足かせをつけられたまま、生命の危険もある獄中で闘い、ついに無実を獲得した闘争記と、浩然たる姿の弁論中の写真は胸を打つ。獄外では、ロマン・ロラン、アンリバルビュスなどの文学者が支援の論陣を張った。

フレームアップによって、旺盛な反戦、反政府の活動をする政党、労働組合を弾圧し、国民との離間を画策する手口は、松川事件、青梅事件、三鷹事件などの日本の歴史を想起させる。ナチス・ドイツが権力を掌握していった歴史も今学ぶべきである。公権力を束縛することによって権力の暴走を防ぐ、これが憲法の役割である。

国家緊急権の規定。それは権力の暴走防止という憲法の規範的な力を奪いさる。ワイマール共和国がたどった運命は、日本国憲法の中に、国家緊急権の規定がおかれておらず、憲法が沈黙している事情をよく説明している。

日本国憲法制定を議論した第九〇回帝国議会（一九四六年七月一五日）で、金森徳次郎国務大臣は次のように答弁した。

「民主政治ヲ徹底サセテ国民ノ権利ヲ十分擁護致シマス為ニハ、左様ナ場合ノ政府一存ニ於テ行ヒマスル処置ハ、極力之ヲ防止シナケレバナラヌノデアリマス、言葉ヲ非常ト云フコトニ藉リテ、其ノ大イナル途ヲ残シテ置キマスナラ、ドンナニ精緻ナル憲法ヲ定メマシテモ、口実ヲ其処ニ入レテ又破壊セラレル虞絶無トハ断言シ難イト思ヒマス、随テ此ノ憲法ハ左様ナル非常ナル特例ヲ以テ――謂ハバ行政権ノ自由判断ノ余地ヲ出来ルダケ少クスルヤウニ考ヘタ訳デアリマス、随テ特殊ノ必要ガ起リマスレバ、臨時会議ヲ召集シテ之ニ応ズル処置ヲスル、又衆議院ガ解散後デアツテ処置ノ出来ナイ時ハ、参議院ノ緊急集会ヲ促シテ暫定ノ処置ヲスル、同時ニ他ノ一面ニ於テ、実際ノ特殊ナ場合ニ応ズル具体的ナ必要ナ規定ハ、平素カラ濫用ノ虞ナキ姿ニ於テ準備スルヤウニ規定ヲ完備シテオクコトガ適当デアラウト思フ訳デアリマス」

過去を知らなければ、その教訓を学ぶこともできない。私たちは比類なき人権保障規定をもったワイマール憲法の弱点とワイマール共和国のたどった歴史、その過程の中でドイツ国民、ユダヤ人、共産党員、社会民主党員たちが体験した苦難からなにかを学びとらなければならない。一人ひとりのこの時代を生きぬく知恵を生みださなければならない。

第六章　安倍改憲

――九条自衛隊明記

日本国憲法第九条

第一項　日本国民は、正義と秩序を基調とする国際平和を誠実に希求し、国権の発動たる戦争と、武力による威嚇又は武力による行使は、国際紛争を解決する手段としては、永久にこれを放棄する。

第二項　前項の目的を達するため、陸海空軍その他の戦力は、これを保持しない。国の交戦権はこれを認めない。

第一節　安倍晋三首相の改憲メッセージ

安倍首相は二〇一七年五月三日、「美しい日本の憲法を作る会」にビデオメッセージをよせ、次の内容を述べた（二〇一七年五月四日朝刊各紙、巻末資料参照）。

①　二〇二〇年に改正憲法を施行したい。

②　憲法九条一項二項はそのままとし、九条三項に自衛隊を認める条文を書き込むことは国民的議論に値する。

③　教育無償化を憲法にうたう。

この発言には与党内部からの異論、野党、新聞メディアからのさまざまな批判が起こっているが、五月三日付「読売新聞」でのインタビューやラジオ日本での発言を総合すると安倍首相には、次の段取りがあるとみられる。

二〇一七年の年内に九条加憲についての自民案をまとめ、憲法審査会の議論をスピードアップさせる。そして、二〇一八年のうちには憲法審査会の改憲原案をまとめ、同年のうちに衆議院、参議院の三分の二を超える議員の連名により、改憲発議を行い、二〇一九年のうちに改憲国民投票、二〇二〇年に改正憲法の公布と施行をする――。このような流れと思われるが、その中で注目すべき次の四点がある。

① 九条三項加憲を選択したのはなぜか。改憲戦略の狙いはなにか。

② 三項加憲の法的効果と軍事的政治的意味はなにか。

③ 発議の内容には九条三項、教育無償化に加えて、緊急事態条項が加わる蓋然性。

④ 二〇二〇年施行の意味するところは、なにか。改憲発議にあわせて、または時をおかずに、衆議院解散総選挙が行われると見られること。

以下本章ではこの四点について述べ、次にこの改憲構想に反対する側はこのことをどう考えるべきかについて述べる。

第二節　九条三項加憲を選択したのはなぜか──改憲戦略の分析

実は、九条加憲構想は日本会議系シンクタンクの機関誌で、二〇一六年九月と一一月に示されている。日本政策研究センターの『明日への選択』(九月号)の「三分の二獲得後の改憲戦略」(伊藤哲夫同センター代表)と一一月号の「今こそ自衛隊に憲法上の地位と能力を!」(小坂実同センター研究部長)である。

伊藤論文には、九条に付けくわえる言葉が示されている。「但し前項の規定は確立された国際法に基づく自衛のための実力保持を否定するものではない」といった規定を入れるというのである（前掲誌二一二頁）。

また日本国憲法の平和主義を認めたうえで、足らざるを補うということで、より広い国民に一致点を獲得する、自衛隊違憲を唱える共産党と、自衛隊への態度が微妙な民進党との分断をはかるという狙いが書かれている（前掲誌二一〇頁には、民進党には容共の是非を問えとの小見出しがある）。

続けてこういう言葉がある。

「残念ながら、今日の国民世論の現状は、冒頭でも触れた如く『戦後レジームからの脱却』といった文脈での改憲を支持していない。にもかかわらず、ここであえて強引にこの路線を貫こうとするならば、改憲陣営の分裂を招くことは必定、本来ならバラバラであるはずの、憲法を漠然と『普遍の原理』視する一般国民を逆に護憲陣営に丸ごと追いやることになりかねないといってよい。ならば、ここは一歩退き、現行の憲法の規定は当面認めた上で、その補完にでるのが賢明ではないか」（前掲誌二一一頁）。

小坂論文では、内閣府の二〇一五年の調査で自衛隊に対して良い印象をもつ人の割合は九二パーセントを超えたことを挙げた後に、次の言葉がある。

「九条二項の下で自衛隊は国防の組織としての能力を著しく制約されている。自衛隊は国内法的には自衛のための必要最小限度の実力組織とされているからだ」

「戦力の保持を禁じ、自衛隊の能力を不当に縛っている九条二項は、今や国家国民の生存を妨げる障害物と化したといっても決して過言ではない。すみやかに九条二項を削除するか、あるいは自衛隊を明記した九条三項を加えて二項を空文化させる（傍点筆者）べきであろう」（前掲誌一一月号四〇頁）。

首相は憲法擁護義務を負う国務大臣であるから、これほどの率直な表現を用いていない。しかし、この二つの論文は実にわかりやすく九条三項加憲論の戦略的な狙いを語っている。

安倍首相も次のように述べている。

「自衛隊が全力で任務を果たす姿に対し、国民の信頼はもはや九割を超えている。一方憲法学者の多くは（自衛隊を）違憲だと言っている。（中略）九条については平和主義の理念はこれからも生かして行く。そこで例えば一項二項は残し、その上で自衛隊の記述を書き加える」（「読売新聞」五月三日付朝刊掲載のインタビュー）。

すなわちこれは、九条一項二項改正には強い国民の反対があるので、九条改正が必要か否かの議論を避けるという戦略である。そうしておいて、二〇一一年三月一一日の東日本大震災で津波、地震、原発の三重の苦しみに襲われた住民の救援に実績をあげて獲得した自衛隊への好感度を利用する戦略である。もともと維新の改憲案であった教育無償化条項を自らの提案に加えるのも、改憲へのハードルをいっそう下げる役割を果たしている。

しかし、前記安倍首相の五月三日メッセージ、インタビューでは語られていないことがある。それは九条加憲を二〇二〇年までになぜやるか、という問題である。安倍首相が語っていない、二〇二〇年九条加憲の法的、軍事的、政治的意味を次の節で明らかにしたい。

第三節　九条三項加憲の法的、軍事的、政治的意味

九条加憲。それは今、国民に見えている自衛隊の姿を合憲とするだけだと受けとる向きも少なくないと思う。しかしそれは、隠された現実を見落としている。

二〇一五年に強行採決された安保法制―戦争法は、一〇本の安保、自衛隊関連の法律が一度に国会を通過したこととされた。安保法制によって書きなおされた自衛隊の像は、まだ国民の目に届いていない。

書き換えられた自衛隊の姿をわかりやすく語るのは、武力攻撃事態法改正法と、周辺事態法の内容を改正し、呼称を変えた重要影響事態法である。

読者の中には今さら、という方もおられるだろう。戦争法反対運動の中でさんざん勉強したからと。しかし九条加憲論の語られざる部分にライトを当て、それを明らかにするために、また国家緊急権―緊急事態条項による独裁が今差し迫っているという所以《ゆえん》を明らかにするためには、今一度安保法制の中の武力攻撃事態法、重要影響事態法（旧周辺事態法）の改正部分をおさらいする必要がある。

武力攻撃事態法改正と自衛隊

武力攻撃事態法は、日本に対する武力攻撃が予測されるか、日本が実際に攻撃されたときに自衛隊はこれを武力によって排除することが許され、内閣総理大臣は、防衛出動命令を発することができるとしていた（旧自衛隊法七六条一項）。

これは憲法九条の解釈に関係する。九条一項は戦争、武力行使を放棄した。そのため九条二項は戦力を放棄した。

言いかえれば、それは国が戦力をもつことを禁止していた。ではなぜ自衛隊のような強大な武装力をもった組織が存在してきたのか。多くの憲法学者は自衛隊の存在自体を憲法九条二項違反だとしてきた。これに対し、歴代の内閣はどの国にも自衛権はある、自衛のために必要な最小限度の実力をもつことができるのだ、それは憲法九条二項にいう戦力ではない、という理屈で自衛隊を合憲だとしてきた。

たとえば一九六九年三月一〇日、参議院予算委員会における高辻正巳法制局長官答弁では、①我が国に急迫不正の侵害があること、②他にまったくこれを防衛する手段がないこと、③防衛は最小限度にとどめなければならないことが、自衛のために取りうる手段であると述べた。これに対応する戦略は専守防衛であるとされた。

一九七二年一〇月三一日、衆議院本会議における田中角栄首相（当時）の国会答弁がそれである。田中首相は次のように述べた。

「専守防衛というのは、相手の基地を攻撃することなく、自分の国が攻撃されたとき、あるいはそのおそれがあるときにわが国土及びその周辺において防衛を行うということでございましてこれはわが国防衛の基本的方針でありこの考え方を変えるということはまったくありません」

自国を防衛するために、武力によって攻撃を排除するという考え方である。専守防衛とは個別的自衛権にもとづく防衛戦略である。

この個別的自衛権に相対する概念として、集団的自衛権がある。自国に対する攻撃がないのに、同盟を結んでいる国（アメリカのこと）の領土、艦船、航空機、車両、軍人に対する攻撃があったとき、それを自国に対する攻撃と同様のものとみなして武力行使をするのが、集団的自衛権である。歴代内閣は、集団的自衛権は有するものの憲法九条一項、二項は前記のとおり必要最小限度の武力行使であるから（自国が攻撃されていないのに武力を行使する集団的自衛権は）、九条一項二項に照らして行使はできないとしてきた（たとえば稲葉誠一衆議院議員の質問趣意書に対する一九八一年五月二九日付政府答弁）。集団的自衛権否定の論理である。

ところが安倍第二次内閣は、二〇一四年七月、集団的自衛権を容認する閣議決定をした。そのうえで二〇一五年九月、安保法制（戦争法）を国会通過させた。

その安保法制の中に、集団的自衛権行使を容認する武力攻撃事態法の改正条項が含まれていたのである。すなわち、①我が国と密接な関係にある他国（アメリカの領土、艦船、飛行機、軍人のこと）に対する武力攻撃があり、②日本の存立が脅かされ（存立危機事態）、③国民の生命、自由、幸福追求の権利が脅かされることが明白な事態のときは武力行使ができるとし、内閣総理大臣は自衛隊に防衛出動命令を出すことができるとしたのである（改正後の自衛隊法七六条一項二号）。

今続いている、トランプ政権と北朝鮮政権のチキンゲームの近未来はどうなのか。アメリカが軍事攻撃を仕かけるには、日本政府に事前に相談などしない。この軍事攻撃の際にアメリカの飛行機、艦船が攻撃を受ければどうなるのか。武力攻撃事態法改正法（武力攻撃事態並びに存立危機事態法と前掲自衛隊法）により、自衛隊はアメリカの政権が決定した武力攻撃に続く軍事的危機で否応もなく戦争に引きずりこまれる。

重要影響事態法と自衛隊

重要影響事態法は、周辺事態法の改正法である。

周辺事態法では日本の周辺に限り、ある条件を満たせば、アメリカの軍隊への後方支援が許されるとしていた。ある条件とは「放置すれば日本に対する武力攻撃にいたる事態」のことである。

重要影響事態法は、周辺事態法の改正であるが、自衛隊が米軍の後方支援ができる限定条件として付されていた日本の周辺地域という地理的限定を外し、さらに、放置すれば武力攻撃に至る事態等わが国の平和安全に重要な影響を与える事態を重要影響事態と定義して、世界中どこでも米軍の軍事行動への後方支援ができる、とした。

もう一つ注意を要する用語がある。後方支援という言葉である。

言葉の由来は英語のロジスティックス〈logistics〉である。英和辞典では次の訳が当てられている。すなわち、兵站学、兵站業務、後方支援［補給］（大修館『ジーニアス英和辞典』）、後方業務、兵站業、調達、貯蔵、輸送、宿営、糧食、交付、整備及び人員、器材、補給品の護送などの業務（研究社『新英和大辞典』）、兵站学（『ウェブリオネット英和辞典』）である。もともと軍事用語である。

重要影響事態法が用いている後方支援という言葉によると、自衛隊が戦場には赴かず後方で支援するだけと受けとりがちである。しかし、同法では地理的な制限もないから地球のどこでも、米軍が起こす軍事行動の兵站業務を自衛隊が担うことが法律上の権限として許容された、ということを念頭に置くべきである。自衛隊法では、重要影響事態法による後方支援をするときには武器を使用することができるとされた（同法九四条の七一号）。

繰り返しをおそれずまとめると、自衛隊は世界中のどこでも米軍の軍事行動への兵站を行い、武力を行使できるということである。

しかし憲法九条一項、二項に照らすと、それは違憲である。そのため国会の審議の過程では自民党推薦の研究者も安保法制を違憲だとした。圧倒的多数の憲法研究者が、それを違憲だと指摘した。二〇一七年六月現在、札幌、福島、群馬、東京、福岡、鹿児島、那覇など二一の地裁で戦争法違憲訴訟が提起されている。

九条一項、二項を空文化するという日本会議系シンクタンクが提示する九条三項の条文、それは戦争を放棄した九条一項、二項に三項を加え「但し前項の規定は確立された国際法に基づく自衛のための実力の保持を否定するものではない」（『明日への選択』九月号　一二頁　伊藤哲夫論文）という条文である。自民党改憲案もこれに近いものになるだろう。これによれば、七割を超える憲法研究者が違憲を指摘し、今なお続く戦争法合憲違憲の論争を司法の判断を待つまでもなく、自衛隊を明記する条文で一挙に解決することを狙っているのではないか。

前掲『明日への選択』昨年一一月号掲載の小坂論文では、九割を超える人びとが自衛隊に信頼をよせたという。このアンケートに示された信頼は、設問その他の前提の検証が必要だが、少なくとも回答者は、上記武力攻撃事態法と重要影響事態法といった米軍との共同作戦を行う自衛隊の武力行使を念頭に置いているとは考えられない。戦争法施行後法律はできたものの、自衛隊はまだ一発の鉄砲も打っていない。武力行使をするには至っていないのである。アンケート回答者の念頭にあるのは、東日本大震災や熊本地震の際、被災者を救助し、食料、飲料水を配る自衛隊員たちの献身的な行動である。安倍首相のビデオメッセージと「読売新聞」インタビュー（五月三日付朝刊）でも自衛隊への国民の信頼が強調された。この自衛隊への信頼には、二〇一五年安保法制（戦争法）がもたらす自衛隊法の変化はおりこまれていない。

まだ安保法制さえなかった時期の米軍と共同する自衛隊の兵站─後方支援の事例を挙げておこう。それは二〇〇六年のイラク戦争の際に、イラクに派遣された自衛隊について起こった出来事である。名古屋地裁を一審としてイラク派兵差し止めを求めて裁判が起こされた。その控訴審判決（二〇〇九年四月一七日）で、名古屋高裁は次の事実を認定した。判決は、自衛隊がクウェートの空港からイラクの空港まで、米軍を含む多国籍軍の兵士と武器を運んでいた、とした。

判決の一節はこういう。

「陸上自衛隊のサマワ撤退を機に、アメリカからの強い要請により、航空自衛隊がバグダッドへの空輸活動を行うことになった。二〇〇六年七月三一日、航空自衛隊のC130H輸送機がクウェートのアリアリサレム空港からバグダッド空港への輸送が開始され、以降週四回から五回輸送を行っている。二〇〇六年七月から二〇〇七年三月末までの輸送回数は一五〇回、輸送物資の総量は四六・五トンであり、中略それ以外の大多数は武装した多国籍軍（主にアメリカ軍）の兵員であると認められる」（本件派遣の違憲性認定事実（1）キの航空自衛隊の活動）。

そしてアメリカの武力行使によって、民間人が多数犠牲となった。同判決は、民間人の死亡者数は二万四〇〇〇人に上っているとする。この判決はファルージャ、サドルシティなどイラク各地における米軍のナパーム弾、マスタードガス、神経ガスなどの化学兵器の使用を認定した。アメリカの掃討作戦で、ファルージャだけでも二〇八〇人の民間人が死亡しているという。

こうした事実を前提として、米軍事作戦への後方支援は、武力行使を禁止した憲法九条に違反するものとした。

アメリカは、大量破壊兵器があるからイラク戦争を開始すると宣言した。しかしそれは嘘だった。アメリカの大義なき戦争に、自衛隊は憲法九条があっても加担させられた。九条三項で一項、二項が空文化されたらどうなるのか。

安保法制（重要影響事態法、改正後の自衛隊法）では、これまで存在しなかった後方支援の際の武力行使の権限を自衛隊に与えた。それならば一層アメリカが「地上軍を出せ」「自衛隊を出せ」と言ってくるのは確実である。

戦争法採決後、自衛隊がアメリカの圧力によってイラク戦争のような武力行使に巻きこまれてゆく蓋然性は高まった。この事実は、自衛隊に好感を寄せている人びとに知られていない。九条三項加憲構想には、自衛隊が直面している国際政治の現実を人びとに知らせないまま、自衛隊の戦地派遣にかかる憲法の足かせを外そうとするものである。

軍法会議――三項加憲は軍法会議を導く

もう一つ、語られていない構想がある。軍法会議である。

軍隊というものは、通常の裁判制度のほかに、それを経由しない軍固有の裁判権、軍事司法ないし軍事裁判所の制度を要求する傾向にある。「武器をもって外敵と対する戦闘集団」

であり、「戦時通常の道徳規範に反する器物の破壊、人員の殺傷が公然と行われ、生命を擲つ危険な行動が求められる」。そこで軍では軍人の基本的人権を制約し、組織に特別の秩序を課し、任務を強制するなど、行動を強く規制する必要があった。軍紀の保持である。

（土井寛防衛大学教授「軍法会議」軍事研究一九八七年一〇月号九三頁）

筆者はこの論文を、水島朝穂『現代軍事法制の研究』（日本評論社、一四七頁）で知った。九条三項加憲論は、自衛隊を明文的に憲法上認められた存在とする。しかも九条一項、二項は空文化されるというのである。そのような条文を導入するというのが前掲伊藤哲夫論文、小坂実論文の提案である。このことにより、軍法会議の設置が次に待ちうけていることを述べたい。

アメリカの戦略に付きしたがわされる軍事行動となれば、専守防衛を前提として自衛隊に入った自衛隊員の中で自分の生命観から「人の命を奪うのは嫌だ。こんな戦争で死にたくない」という隊員が続出し、敵前逃亡、敵前抗命が起こるのは目に見えている。それは、卑怯でも卑劣でもない人間的な行動である。

そこで命令違反の刑罰が最高懲役七年となっている自衛隊法を改正して重罰化すること、命令違反者の身柄を拘束し迅速な処罰をする手続き法──軍法会議設置法が必要となる。

そのことを予見したジャーナリストのエッセイがある。二〇一四年八月三〇日号『週刊東洋経済』掲載「徴兵制より先にくる軍法会議復活の議論」（千田景明）である。このエッセイは自民改憲案を分析しながら、本書と同旨の予見をしている。

また、斎藤隆元統合幕僚長は、次の発言をしている。

「九条二項が維持されれば、（軍とは違う）特殊な存在であり続ける。しかし、（中略）軍隊とは何か、自衛隊とどう違うのかなどのかみあった議論につながっていくのではないか。軍事法廷の要否（傍点筆者）、戦死者の問題（後略）などの論点もある」（「読売新聞」二〇一七年五月三〇日朝刊四頁）。

自衛官最高の地位にあった人の発言として、重い意味をもつと考える。

軍法会議は特別裁判所の設置を禁止した日本国憲法七六条二項に違反しないか

従来の憲法学説では戦争放棄、戦力を放棄し、特別裁判所の設置を禁止している憲法七六条に照らし、軍法会議は設置できないとされてきた。自民改憲案七六条二項は特別裁判所の設置を禁止している。

であるのに自民改憲案九条五項は、国防審判所設置を提案している。同時に同五項は、国防審判所にかけられた被告人の裁判所への上訴を保障している。上訴の保障によって、国防軍審判所（軍法会議）を特別裁判所と評価されないようにしたのである。九条加憲をしても日本国憲法七六条二項は残され、特別裁判所は設置できない。それでも上訴権を保障すれば特別裁判所にはならないのだという自民改憲案の発想でゆけば、被告人に上訴の権利を保障した「自衛隊審判所」などと称する軍法会議の設置は許される、という考え方が出て来る。この点警戒を要する。

自民改憲案Q&AのQ12では国防軍審判所を「いわゆる軍法会議」としている（同一一頁）。国防軍審判所（軍法会議）は、自民改憲案も禁止する特別裁判所に当たらないとの考え方である。

この点に関連して、自民改憲案の起草委員である石破茂衆議院議員はテレビ番組で、杉尾秀哉キャスター（当時、現民進党参議院議員）の質問に答えてこう語った。すでに本書四〇頁で簡単にふれたが、ここでより詳しく問答を再録した東京新聞記事から引用する。

石破氏は、現在の自衛隊で隊員が上官の命令に従わない場合は、自衛隊法で最高でも懲役七年が上限であることを説明し、こう語った。

「これは国家の独立を守るためだ。出動せよと言われたときに、いや行くと死ぬかも知れないし、行きたくないと思う人がいないという保証はどこにもない。だから（国防軍になったときに）それに従えと。それに従わなければ　その国における最高刑に死刑がある国なら死刑。無期懲役なら無期懲役。懲役三〇〇年なら懲役三〇〇年。そんな目に遭うぐらいなら出動命令に従おうっていう。人を信じないのかと言われるけれど、やっぱり人間性の本質から目を背けちゃいけない」（二〇一三年四月二一日放映の週刊BS－TBSでの応答。この問答は「東京新聞」二〇一三年七月一六日付朝刊で確認できる）との発言である。

石破議員のこの応答は、自民党改憲草案の国防軍に関するものであって、自衛隊に関するものではない。しかしそれは、自衛隊に設置される審判所とさしたる差異はない。自衛隊員は、重い刑罰と軍法会議の圧力のもとに戦地に赴かされる。

九条自衛隊明記でいいという一般市民には、このことがどれだけ意識されているだろうか。大いに疑問がわく。

第四節　国家緊急権——緊急事態条項は改憲発議の真ん中に座る

二〇一七年五月三日の首相のインタビュー（同日「読売新聞」朝刊掲載）では、緊急事態条項の必要性が強調されている。こういう言葉である。

「大規模災害などの緊急時に国民の安全を守るため、国や国民がどのような役割を果たし、国難を乗り越えていくかを憲法に位置付けるというのは重く大切な課題だ。特に緊急事態に際し、衆議院議員が不在となってしまう場合があるのではないかとの指摘は重要な論点だ。国会のありかたや役割、民主主義の根幹に関わることでもあり、国会でよく議論をしてほしい」（「読売新聞」二〇一七年五月三日付朝刊）。

前節で登場した伊藤哲男・小坂実氏も共著者に加わる『これがわれらの憲法改正提案だ』（日本政策研究センター刊）でもこの改憲案が強調されている。

同書では、改正提案の第一に緊急事態条項の加憲が掲げられている。自民党の憲法審査会関係者は、大災害の際の議員の任期切れだけに言及する向きもあり、マスメディアも緊急事態条項全体の危険性を指摘しない傾向がある。しかし、前述のような軍事的意味をもつ九条三項加憲論が提案されているのである。

そのことを考慮すると、本書で検討してきたような内閣独裁、表現の自由、結社の自由をはじめとする基本的人権を厳しく制約する緊急事態条項が発議される蓋然性が高い、とみる。

繰り返すが九条加憲は、自衛隊の現状をそのまま憲法に書き込むのでなく、集団的自衛権を行使しない限定を外し、安保法制による海外派兵の歯止めを一切外すのである。九条三項により一項と二項を空文化するのである。

そして、軍法会議で自衛隊員をその意思にかかわらずに戦地に赴かせ、戦闘行動に駆りたてる。そのようなときに公権力を握る側には、これに反対する運動を抑圧する道具が必要となる。

それが共謀罪であり、緊急事態条項である。

内閣が国会の事前同意なく法律を作ることができ、集会、結社の自由も制約できる緊急事態条項が、この時こそ必要となる。国家緊急権の定義には戦争、内乱、自然災害、恐慌などの事態があげられていることを忘れてはならない。

今のところ、災害などによる選挙不可能の事態の議員の任期延長などという口当たりのよいことを言うが、状況によってはいざ改憲原案、改憲発議のときになって本書が取りあげてきた自民改憲案九八条、九九条のような緊急事態条項が出されてくる展開も大いにある。

第五節　国民投票の手続き——発議後解散を警戒せよ

安倍首相は二〇二〇年に改正憲法の施行をめざすとし、この目標から逆算してスケジュールを立てている。二〇一七年の年内に、新自民改憲案を出すと号令をかけた。二〇一八年改憲発議、二〇一九年のうちに国民投票というわけである。

ここで警戒すべきは、改憲発議後直後に衆議院を解散して総選挙にもちこむか、参議院の二分の一改選の時期に改憲発議の時期を重複させることである。

国民投票の手続きを定めた憲法改正手続き法は、教員と公務員の投票運動を制約する欠陥はあるが、公職選挙法のように戸別訪問の禁止、運動期間中の文書配布（ビラの配布、ポスターの貼りつけ）などの制限がない。

選挙に比べると、警察が干渉できる口実が少ない。しかし国民投票と選挙の時期を重ねると、公職選挙法に基づく選挙活動の取り締まりを口実とする警察の干渉の危険が増す。共謀罪の強行採決は絶対に許せないが、犯罪捜査を理由とした盗聴、尾行、ごみ箱あさり、動画撮影など市民監視の傾向はますます強まる。

三分の二の議員の賛成を必要とする憲法改正発議と国民投票の元来の趣旨は、国家の最高決定権者である国民一人ひとりの個人が、この国の主人公として熟慮のうえ、憲法改正の要否を判断するということである。主権者たる国民一人ひとりに十分な情報が届き、その人の人生の歴史と勉強から蓄積された、理性と感情、胸の底の底まで降りて行ったうえでの判断が求められる。その判断を形成するための、情報の交流や対話に公権力の干渉があってはならない（権力干渉の絶対的禁止）。この原理的考察からすれば、改憲発議の後、解散権の行使による衆議院選挙実施、もしくは参議院選挙実施時期に国民投票を重ねる投票時期の選択には、制度の趣旨からする制約がかかるはずである。国会内多数派である改憲発議側には、正々堂々たる発議態度が求められるのである。

他方、国家緊急権や九条三項加憲に反対する運動の側は、次の点に留意したい。すなわち、「憲法改正手続きに関する法律」の中に、国民投票運動期間を最低一年にすること、警察による国民投票運動への干渉絶対禁止、有料広告の合理的制約など憲法改正手続き法の改正のキャンペーンが必要である。

世論調査の結果に接するたびに感ずることであるが、政党支持なし層はほぼ四割である。国民投票という政治行動は選挙と違う。政党への距離感で特定の候補への支持を決めることとは違う。特に年齢の若い層、学生、高校生の動向は結果に大きな影響力をもつ。改憲を提唱する側は、ここにターゲットを定めて漫画、お笑い芸人の動員、ゲーム、ネットメディアの活用をもう始めていると言ってよいだろう。公立図書館で雑誌、メディア広報誌、漫画雑誌などを幅広く見てみると、そのことを痛感する。

発議後、投票日までの有料広告規制について、かなりの熟慮と改憲反対運動自身の改善の努力が期待されるところである。

まとめ

加計学園、森友学園事件の安倍首相、菅官房長官などの開きなおった答弁、少し前までの相も変らぬ内閣支持率に接し、共謀罪の強行的採決を聞くとき、「結局、いくらやっても変わらないのか、だめだよ」という声が聞こえてきそうであった。実際、筆者は居住地国分寺の駅頭で、何回となく街頭演説をし、チラシを配布したが、スースーッと、チラシには目もくれずに去ってゆく一〇代、二〇代、三〇代の青年の視線と後ろ姿に接して、そのような思いが胸中をよぎった。

ある薄暮の夕べ、国会前に行った。「共謀罪反対」「安倍はやめろ」のコールをしている三〇〇名ほどの集団からは、声といい、リズムをとるドラムといい、熱気が立ちあがっていた。隊列がつらなる最後尾で、黙って一人で腰かけている青年がいた。学生だろうか。

そこは、車のヘッドライトが照らすだけ。遠景に国会議事堂が見える。取材するテレビ局のライトがコールの先頭あたりを煌々と照らしている。しかしここは、背後の樹木が作りだす闇が深い。その青年は、デモに初めて参加し、コールの声も出していない。金田法務大臣はじめ政府の答弁が納得できずにここにやってきたという。大学を卒業し、仕事をはじめて数年ということだった。

二〇一五年の安保法制（戦争法）反対運動のときもそうだった。委員会強行採決の日だった。学生風の一団が次から次へとやってくる。その一人に話しかけた。

「シールズですか」

「いや違います」

そういって前方をきっと見据える視線と横顔に、決然とした気持ちがみなぎっていた。

自由。人間は自由に対する本能的な憧れとそれが侵されそうなとき、くじけそうな自分をふるいたててくる良心を内在的にもっている。

その良心は、ときに自分が危険にさらされても、友人や家族、見知らぬ他人をも救う不思議な力をもたらし、その人を突きうごかす。

そのことを考えさせる二つのエピソードを紹介して、本書の扉を閉じたい。

「蟹工船」「党生活者」「一九二八年三月十五日」などの作品を書いて、戦前、ベストセラー作家として人気を得ていたプロレタリア文学者がいた。小林多喜二である。その作品は、農村と工場に働く労働者、農民の姿を活写し、天皇制と日本の帝国主義の本質をえぐる巧みな描写力で絶大な人気を得ていた。作品「一九二八年三月十五日」は、この当時起こった田中内閣による労働運動への大規模な弾圧を極めて具体的な描写で、公権力の残酷さを余すところなく見事な文章で描ききった。特高警察はこの作家を恐れ、憎み、治安維持法を用いて逮捕・起訴することを狙っていた。地下活動をおこなっていた多喜二は、一九三三年二月二〇日、同志との連絡をとるため街頭に立っていたところを警察に追跡されてついに逮捕され、築地警察署に連行されて残虐な拷問によって命を奪われた。二九歳だった。

遺体は自宅に運び込まれた。

急を聞いて友人、仲間が駆けつけた。

正視できないほどの凄惨な暴行の跡が遺体に残された。

母タキさんは、友人たちが目を背けるとき凄みをもって無惨な姿になった息子の襟を開いて、集まった人々に傷跡をみよ、といった。

そして涙でほほをぬらしながら遺体をだきかかえ「これ。あんちゃん。もう一度たてえ。みなさんの見ている前でもう一度立てえ。たってみせろ。」と全身の力をふりしぼるような声でさけんだ。


（江口喚『たたかいの作家同盟記　下』新日本出版社）


母タキさんと多喜二の苦難を偲ぼう。その共感の中から湧きたつ情熱をだきしめたい。

そしてもう一つの物語。

一九四四年、ナチス支配下の絶望に覆われたかのようなドイツ。そのミュンヘン大学で「白バラ通信」という連載のチラシをまく学生たちがいた。自由を求め、戦争反対をアピールするチラシだった。逮捕され、裁判で死刑判決を受けた。父親は傍聴席から叫んだという。

「もう一つの正義がある」

二人は六日後に処刑された。ショル兄妹である。その二人の最後の日々を書き残した家族と看守がいた。

はじめに彼らのところへ、ハンス（ショル）がつれ出されました。彼は囚人服を着ていました。けれど、彼の歩きかたはとても軽くしっかりしていて、どのような外見も彼の本質をそこねることはできなかったのです。彼の顔にはほっそりと肉がおち、苦しい戦いのあとのようでした。今はその顔は輝き、すべてをおおう光を放っていました。彼はなつかしそうに隔ての棚から身をのり出し、一人一人に握手しました。「ぼくはもう憎しみを持っていない。ぼくはいっさいをのりこえたのです」。私の父は彼を腕に抱いて言いました。「おまえたちは歴史に参ずるのだ。まだ別な正義があるのだよ」。それに対してハンスは、友達みんなに伝言を託しました。最後に彼がもう一つ名前をあげたとき、涙がひとすじ顔にあふれ、彼は柵の上にうつぶしてそれを見せまいとしました。それから彼はたち去ったのです。不安のかげもなく、深いすばらしい感激にみちあふれて。

次にゾフィー（ショル）が一人の女看守につれ出されました。彼女は自分の服を着たままで、足どりはゆっくりと、しずしずと、そしてとてもしっかりしておりました（どこにもまして牢獄では、しっかりと歩くことを覚えるのです）。彼女はたえずにこにこと、まるで日光に見いっているようでした。悪びれもせず快活に、甘い物を口に入れました。ハンスはそれを断ったのでしたが。「あらそう、いただくわ、私はまだお昼をぜんぜん食べてないのよ」。それは終わりまで、最後の瞬間までつづく、言いようもない人生の肯定だったのです。彼女もまた、ほんの少しやせた感じでした。けれどもその顔には、驚くべき勝利の色が流れていました。肌はいきいきと花開くようで――それが母親には今までなく目につきました――そして唇は紅に輝いていました。「もうおまえ、それじゃ一度も家に帰ってくることはないのね」と母は言いました。「あら、ほんのなん年かよ、お母さん」と彼女は答えました。それからハンスと同じく確信と勝利にみちて、力をこめて言ったのです。「私たちは何もかもひき受けたのよ」、また、「これで波がたつでしょうよ」

（インゲ・ショル『白バラは散らず』未来社　一〇九～一一〇頁）

これは、特別にとてつもない勇気をもった人たちの話ではない。異性への憧れをもち、家族を大切にし、熱心に勉強をしたふつうの青年たちの話である。彼らの人生を書き残した人たちは、そのことを強調している。ただ自分の胸のうちにあって生き方を問いかけてくる良心に忠実だった、と。

しかし、その人生は無残に中断された。戦争とファシズムによって人生を断ちきられた一つひとつのいのちは、今をいかに生きるかと逡巡する一八歳の君に、またはるか前に一八歳の逡巡と煩悶を経験した私の胸の奥底に、いやすべての人びとに問いかけている。

次から次へと多数をたのんで採決される、自由を抑圧し戦争に導く法律。不正が目に見えているのに、それを告発する行為者を攻撃する為政者側の答弁。

そしてこのたびの改憲である。くじけそうだ。あきらめの気持ちが起きそうだ、だが――。

このくらいで絶望するのか。それとも絶望の中で出会った、自分の良心と向きあう人びとと友情を結び、そこに生きる活力――希望を見いだすのか。

一九六三年、アメリカ合衆国では、アフリカ系アメリカ人への人種差別撤廃、平等な投票権を求める公民権運動の高揚期を迎えていた。八月二八日、ワシントン大行進の一〇万人の集会でマーティン・ルーサー・キング牧師は、よくとおる声で八分間の演説を行った。それは歴史に刻まれる言葉となった。

演説の当時、黒人解放運動が体験していた苦難を想起すると、それはより一層強い響きを放つ。

南部諸州ではＫＫＫ（クー・クラックス・クラン）という黒人差別集団のリンチによってたくさんの命が失われた。正義感にかられて南部の運動支援に向かったオハイオ州のユダヤ人学生と黒人学生を含む三人が殺される事件もあった（一九六四年ミシシッピー・バーニング事件）。

デモ行進に、警察がけしかけた大きなシェパードが襲いかかった。たくさんの活動家が投獄されていた。
キング牧師の言葉は、今日の沖縄、福島など日本の各地で苦難の底の底を体験する人たちと、それに共感してともに歩もうとする私たちに、湧きたつ力を与えてくれる。キング牧師は、次のように語りかける。

私には夢がある。いつの日か、州権優位論と連邦法の実施拒否を口にする知事のいるアラバマ州が、黒人の少年や黒人の少女が、白人の少年や白人の少女と兄弟姉妹になって手をつなぎ、一緒に歩くような状況に変貌するのです。

私には今日、夢があります。

私には夢がある。いつの日か、あらゆる谷間は高く上げられ、あらゆる岡や山は低くなされ、起伏のある土地は平原になり、曲がった場所はまっすぐになるのです。神の栄光は示され、あらゆる人間がみな一緒にそれを見るのです。

これがわれわれの希望です。この信念で、私は南部へ戻っていきます。この信念で、われわれは絶望の山から希望の石を切り出すのです。この信念で、われわれは不協和音で騒がしいこの国を、美しい兄弟愛をシンフォニーへ変貌させるのです。この信念で、われわれは共に働き、共に祈り、共に闘い、共に刑務所へ入り、共に自由を求めて立ち上がるのです。いつの日か、自由になることを知りながら。

（荒このみ編訳『アメリカ黒人演説集』岩波文庫　二八二〜二八三頁）

川に浮かぶ木の葉がしずみ、石が流れていく。真実が嘘とされ、それを告発した人が冷笑される。このおかしさに身をもって抗いたい。

二つの大戦、朝鮮戦争、ベトナム戦争、シリアの動乱、パレスチナ、世界中の紛争で失われた命たち、誠実な生き方のゆえに獄中で人生を中断された命たちに恥じない日々を送りたい。自らの胸の中にうずく良心に従って、生き抜きたい――。

そのように考えるあなたにこの書を捧げる。

参考文献

第一章

西口克己『山宣』中央公論社（初版）一九五九年（現在は新日本出版社で復刻されていて入手できる）

谷口善太郎『釣りのできぬ釣り師』新日本出版社　一九七二年

谷口善太郎を語る会編『谷善と呼ばれた人』新日本出版社　二〇〇四年初版

第二章

岩上安身、澤藤統一郎、梓澤和幸『前夜　日本国憲法と自民党改憲案を読み解く　補訂版』現代書館　二〇一六年（二〇一二年自民党改憲草案と日本国憲法の対照表およびQ&Aは、http://tcoj.blog.fc2.com/ のURLで入手できる）

第三章

芦部信喜、高橋和之補訂、『憲法　第六版』岩波書店　二〇一五年

橋爪大三郎『国家緊急権』ＮＨＫブックス　二〇一四年

レベッカ・ソルニット、高月その子訳『災害ユートピア』亜紀書房　二〇一〇年

ナオミ・クライン『ショック・ドクトリン―惨事便乗型資本主義の正体を暴く』上下、岩波書店　二〇一一年

防災行政研究会編集『逐条解説　災害対策基本法　第三次改訂版』ぎょうせい　二〇一六年

災害対策法制研究会編著『災害対策基本法改正ガイドブック―平成二四年及び平成二五年改正』大成出版社　二〇一四年

被災学生を守る会編集委員会編『伊勢湾台風―被災学生救援のために』被災学生を守る会　一九六〇年（国会図書館、愛知県立図書館ほか愛知県内のいくつかの大学図書館に所蔵されている）

〔巨大災害予測と対策を論ずる著作として〕

石橋克彦『南海トラフ巨大地震』岩波書店　二〇一四年

石橋克彦『大地動乱の時代』岩波新書　二〇一一年

河辺恵昭『津波災害―減災社会を築く』岩波新書　二〇一〇年

〔テロリズムの原因論〕

オリバー・ストーン他『オリバー・ストーンが語るもうひとつのアメリカ史』早川書房　二〇一五年

第三章対談にご出席の清水雅彦教授には、『憲法を変えて「戦争のボタン」を押しますか？―「自民党憲法改正草案」の問題点』（高文研　二〇一三年）の単著がある。

第四章

関西学院大学災害復興制度研究所編『緊急事態条項の何が問題か』岩波書店　二〇一六年

村田尚紀『改憲論議の作法と緊急事態条項』日本機関紙出版センター　二〇一六年

＊前掲『前夜　補訂版』には、緊急事態条項への批判に紙幅が用いられている。

三木義人『日本の納税者』岩波新書　二〇一五年（あとがきには日本経済が破綻したときに庶民にどんなことが起こるかが述べられている）

〔破壊活動防止法について〕

奥平康弘『これが破防法』花伝社　一九九六年

第五章

〔ワイマール憲法関係〕

高田敏、初宿正典『ドイツ憲法集　第五版』信山社　二〇〇七年

Ｃｈ・グズィ、原田武夫訳『ヴァイマール憲法―全体像と現実』風行社　二〇〇二年

礫川全次『「ナチス憲法」一問一答―ワイマール憲法の崩壊と日本国憲法のゆくえ』同時代社　二〇一七年

〔ワイマールからナチス独裁への歴史関係〕

＊次の書は全体を概観し日本で活動する際の思索に役立つ。

池田浩士『ヴァイマル憲法とヒトラー』岩波現代全書　二〇一五年

＊文化の香り高いワイマール共和国に生き、次第に独裁が強まる様子を活写する本格的日記文学。民主主義が破壊され、暴力が日常化する恐怖の日々が描かれている。
ハリー・ケスラー、松本道介訳『ワイマル日記』（上・下）冨山房　一九九四年

〔ドイツ現代史を学ぶための基本的文献〕
石田勇治『二〇世紀ドイツ史』白水社　二〇〇五年
木村靖二他『詳説　世界史』山川出版（高校の教科書。一八歳前後の人たちの歴史認識を知る手がかりにできる）
ヴォルフガング・イェーガー編著、クリスティーネ・カイツ編著、中尾光延監訳、小倉正宏訳、永末和子訳『ドイツの歴史〈現代史〉』明石書店　二〇〇六年

〔ドイツ革命関係〕
岡義武『デモクラシーの悲劇』文藝春秋　二〇一五年
篠原一『ドイツ革命史序説』岩波書店　一九五六年（第一次世界大戦のさなかにおこった水兵の反乱、労働者のストライキから帝政が倒れ共和制が実現する「ドイツ革命」の経過と詳細を学ぶのに適切な文献）
トルムタール、神川伸彦訳、神谷不二訳『ヨーロッパ労働運動の悲劇』岩波書店　一九五八年
E・マティアス、安世舟訳、山田徹訳『なぜヒトラーを阻止できなかったか―社会民主党の政治行動とイデオロギー』岩波書店　一九八四年（社民党の側から見たヒトラー政権誕生の原因分析）
對馬達雄『ヒトラーに抵抗した人びと』中公新書　二〇一五年

ディミトロフ、高山洋吉訳『国会議事堂放火裁判』刀江書院　一九七二年

第六章

〔安倍改憲の真実を知るために。日本会議関係の文献ほか〕

菅野完『日本会議の研究』扶桑社新書　二〇一六年
青木理『日本会議の正体』平凡社新書　二〇一六年
俵義文『日本会議の全貌』花伝社　二〇一六年
伊藤哲夫、岡田邦弘、小坂実『これがわれらの憲法改正提案だ―護憲派よ、それでも憲法改正に反対か？』日本政策研究センター刊　二〇一七年
浦田一郎編『政府の憲法九条解釈―内閣法制局資料と解説』信山社　二〇一三年

〔軍法会議関係〕

＊文中に触れた文献のほかに次の文献が参考になる。
水島朝穂『現代軍事法制の研究―脱軍事化への道程』日本評論社　二〇〇三年
結城昌治『軍旗はためく下に』講談社文庫　一九七五年（直木賞受賞作）
NHK取材班・北博昭『戦場の軍法会議―日本兵はなぜ処刑されたのか』NHK出版　二〇一三年
インゲ・ショル、内垣啓一訳『白バラは散らず』白水社初版　一九六四年（二〇一七年第四七版となっている）
ノーマ・フィールド『小林多喜二―二一世紀にどう読むか』岩波新書　二〇〇九年

あとがき

二〇一七年七月二日に行われた都議会選挙で、自民党は史上最低の二三議席獲得に終わった。安倍晋三首相は、選挙期間中一回しか首都における演説に出られなかった。都民ファースト・小池百合子代表（当時）の一〇〇回にくらべると対照的である。党の総裁が天下分け目の闘いに臨席できないとは、どう見ても個人が引きおこした不人気のためとしか言いようがない。

自民党惨敗というより安倍晋三という政治家の惨敗、というべき事態であろう。

森友学園事件、加計学園問題、共謀罪参議院の委員会採決省略の暴挙、稲田防衛大臣の「自衛隊からも自民党を勝たせてほしい」発言、豊田真由子議員の暴力的パワハラ発言など、安倍政治家自身とその統括のもとにある閣僚、議員の起こした「過ち」について、罷免も真摯なる発言もない。この国の政治史から見ても選挙の惨敗くらいでは終わらない事態である。目を海外に転ずれば、ヨーロッパ、アメリカ、アフリカ、中東、香港、台湾、韓国などの国々なら大デモンストレーション、元首の弾劾、特別検察官の捜査などもっと大きな波紋が起こっているはずだ。

驚くのはかかる出来事の責任もとらず、説明もしないばかりか、二〇一七年五月三日改憲メッセージで描きだした改憲日程を一切変更しないという安倍首相（都議選翌日実施「毎日新聞」二〇一七年七月四日掲載インタビュー）と菅官房長官（七月五日記者会見）の発言である。顔色を変えるほどの人民からの不信の表明があり、民の声に耳傾けない政治姿勢が理由となっていることが明らかになっているのに。

なぜなのか。

本書のサブタイトル「ありふれた日常と共存する独裁と戦争」に用いた「独裁」とは、いかに民の声が切実であっても自分の方向性を変えない政治の謂いであり、戦争がその延長にあることはすでに歴史が明らかにしていることである。もう目の前に独裁は始まっているのではないか。かかる政治家の提案する緊急事態条項という憲法停止、人権制約を受けいれるのかどうか。

都議会選挙が明らかにしたもう一つの経験的事実。それは普段投票に行かない人たちの動向が大切ということである。

暴走政治をストップさせるために、それが局面を実際に動かす力をもっているということでである。そのような動向を形づくっている人たちが、ふと書店やインターネット、新聞、テレビで本書を視野の中にとらえられることを期待し、祈るような気持ちでこの文章を書いている。

　この時代はいま、地球上に生命を営むものが独占すべきものではない。独占できると考えることは公権力の座にある者にとってはもちろんだが、憲法や人権、戦争と平和を精神と行動において取りくむ者にとっても奢りと不遜である。時代を共にするということは、いま相争う当事者と傍観者のいずれもが避けて通ることのできない現実である。

　ある地域における紛争がもつ不可避的な拡大の恐ろしさ（核兵器を使う戦争―アメリカ政府の中にいたある人が政権部内で聞いたところによれば、少なく見て犠牲者は六億人）を考えれば、その責任を権力者だけに帰すわけにいかない。

　私にとって、憲法について書くということは、戦争と戦後の時代を生き、また逝った人たちのことを言葉にするということでもあった。

　日々を生き、自然と人を愛した人たちの切実な思いをこめて、語り伝えるように書きたかった。それを踏みにじるものの真実も――。

　それは、自分自身を含めて共に時代「支えているものの責任」を明らかにするということでもあった。瞳を輝かせる子どもたちのために――。

巧拙を棚に上げての言葉を許していただければ、本書は一つの「作品」として筆者の手を離れる。

このような「本の形」にしていただけたのは版元の同時代社と代表の川上隆氏のおかげである。現在の出版事情の下では、憲法に関する書を出すという企画決定こそが英断である。川上氏は一年前にその決断をしてくださった。

緊急事態条項。提案理由の第一は大災害である。この点から災害対策基本法立法の動機付けとなった伊勢湾台風の被災者救援体験は重要であった。森賢一氏には実際の体験についてヒアリングに応じていただき、救援活動に立ちあがった学生たちの編んだ私家版書籍の所在を確かめるきっかけを作ってくださった。記して感謝したい。

対談に応じていただいた清水雅彦日本体育大学教授、李京柱《リキョンジュ》韓国仁荷大学校法科大学院教授には貴重な知見をいただき、また法的議論の楽しさを味わせていただいた。

司法試験に合格し、司法修習修了後大学に戻り憲法研究をつづけ、現在、一橋大学研究科博士後期課程に在籍している今井悠氏と出会ったのは母校の縁である。筆者が書き進めるうえで感じた疑問を率直に議論させていただいた。

変転きわまりない政治状況の中で、本書の対象とする緊急事態条項と九条加憲という二つのテーマが問題として持続しつづけるのか。ときに戸惑うこともあった。この点、研究途上の青年によるアドバイスは励ましとなった。

　都内私立中学、高校生との座談会は世代の離れた人たちに実際にお会いして、その雰囲気に触れるだけで楽しいことと思って企画した。筆者が一貫して希望の源泉と思っている年齢の若い人たちの思考に触れることができたことは大いに力となった。この仲立ちをしてくださった教諭には心からのお礼を申しあげたい。

　原稿の初出について一言書き添えたい。第一章の父母、誠一兄のことは自家版連載パンフレット「炎と飢えと—平和を求めて」第四四集（新日本婦人の会国分寺支部発行二〇一四年版）に初めて書いた。第二章は二〇一三年九月三日、四日、九日の「沖縄タイムス」での連載「自民改憲案を問う」（上・中・下）に加筆した。連綿と継続するこうしたメディアの存在なしには筆者の体験は文章の形を取ることができなかった。支えている編集スタッフとその読者に感謝したい。

　そして筆者の所属する東京千代田法律事務所の弁護士、事務局にも日ごろの仕事に加え、本書に関連する事実関係の調査などでお世話になった。

　また第一章にも登場する筆者の父母（故人）、三歳で逝った兄誠一、妻の父母（故人）のことをあるいは想い、あるいは言葉にすることは、本書を書き進めるうえの実際の力となった。

　実弟の梓澤登（翻訳家）は、第五章のワイマールとナチスの歴史的経験を取材する際、適切な文献の所在をアドバイスしてくれた。とくに篠原一『ドイツ革命史序説』には学ぶところが大きかった。記して感謝したい。

妻南、同居の二女、独立して家族をもつ長女、その夫、その夫婦の生んだ孫娘たちが与えてくれた日々の叱責（笑）と励まし。この家族の一人ひとりに直接には言いにくい感謝の言葉を捧げる。

成功しているかどうかは別として、本書は「文学」を目指す意気ごみで執筆した。物ごとを文章にするときは人間を描くようつとめるということである。その導師として、作家加賀乙彦先生とその作品『湿原』（岩波現代文庫）『宣告』（新潮文庫）に憧れて、日本ペンクラブに入った。以来、先生には時に厳しく、時に丹念に教えを賜った。なによりも『殉教者』（講談社）、『炎都』（新潮文庫）をはじめとする作品を通して学ばせていただいた。

また筆者が三〇代のころから憲法研究者故奥平康弘先生には、折にふれてお話をうかがった。『治安維持法小史』（岩波現代文庫）、『表現の自由を求めて—アメリカにおける権利獲得の軌跡』（岩波書店）、『なぜ表現の自由か』（東京大学出版会）などのご著書を通して「自分の頭で考え、誰のものでもない自分の言葉で表現する」、「物語として憲法を語る」という思考のヒントを与えていただいた。ここに学恩を記し、深い尊敬の気持ちをこめて加賀乙彦先生と奥平康弘先生に本書を捧げたい。

手ほどきをうけたこともない初心者の短詩だが、巻末に掲げて筆をおく。

幼子《おさなご》は　ことば　未《いま》だし
瞳《ひとみ》にて
今朝も問ふなり
わがこころざし

炎暑に向かう二〇一七年七月の月曜日
東京　国分寺の自宅　ささやかな書斎にて

著者

資料編

資料① 自民党憲法改正草案「第九章 緊急事態」

（緊急事態の宣言）

第九八条

1 内閣総理大臣は、我が国に対する外部からの武力攻撃、内乱等による社会秩序の混乱、地震等による大規模な自然災害その他の法律で定める緊急事態において、特に必要があると認めるときは、法律の定めるところにより、閣議にかけて、緊急事態の宣言を発することができる。

2 緊急事態の宣言は、法律の定めるところにより、事前又は事後に国会の承認を得なければならない。

3 内閣総理大臣は、前項の場合において不承認の議決があったとき、国会が緊急事態の宣言を解除すべき旨を議決したとき、又は事態の推移により当該宣言を継続する必要がないと認めるときは、法律の定めるところにより、閣議にかけて、当該宣言を速やかに解除しなければならない。また、一〇〇日を超えて緊急事態の宣言を継続しようとするときは、一〇〇日を超えるごとに、事前に国会の承認を得なければならない。

4 第二項及び前項後段の国会の承認については、第六〇条第二項の規定を準用する。この場合において、同項中「三〇日以内」とあるのは、「五日以内」と読み替えるものとする。

（緊急事態の宣言の効果）

第九九条

1　緊急事態の宣言が発せられたときは、法律の定めるところにより、内閣は法律と同一の効力を有する政令を制定することができるほか、内閣総理大臣は財政上必要な支出その他の処分を行い、地方自治体の長に対して必要な指示をすることができる。

2　前項の政令の制定及び処分については、法律の定めるところにより、事後に国会の承認を得なければならない。

3　緊急事態の宣言が発せられた場合には、何人も、法律の定めるところにより、当該宣言に係る事態において国民の生命、身体及び財産を守るために行われる措置に関して発せられる国その他公の機関の指示に従わなければならない。この場合においても、第一四条、第一八条、第一九条、第二一条その他の基本的人権に関する規定は、最大限に尊重されなければならない。

4　緊急事態の宣言が発せられた場合においては、法律の定めるところにより、その宣言が効力を有する期間、衆議院は解散されないものとし、両議院の議員の任期及びその選挙期日の特例を設けることができる。

資料② 緊急事態に関する憲法改正試案 前衆議院憲法調査会長 元外務大臣 中山太郎

緊急事態に関する憲法改正試案 条文イメージ

第○章 緊急事態

（緊急事態の宣言及び解除）

第○条 内閣総理大臣は、地震、津波等による大規模な自然災害、テロリズムによる社会秩序の混乱その他の緊急事態において、特に必要あると認めるときは、法律（＊）の定めるところにより、全国又は一部の区域について、九〇日以内の期間を定めて、緊急事態の宣言を発することができる。

2 内閣総理大臣は、前項の規定により緊急事態の宣言を発したときは、これを発した日から二〇日以内に国会に付議して、その承認を求めなければならない。

3 第一項の規定により発せられた堅急事態の宣言において定められた期間については、あらかじめ国会の承認を経て、九〇日以内の期間を定めて、これを延長することができる。

4 内閣総理大臣は、第二項の場合において不承認の議決があったとき、国会が緊急事態の宣言の解除を議決したとき又は当該緊急事態の宣言の必要がなくなったときは、直ちに、当該緊急事態の宣言を解除しなければならない。

5 内閣総理大臣が第一項の緊急事態の宣言を発した場合において、両畿院が会議を開くことができないときは、第二項及び第三項の承認並びに前項の緊急事態の宣言の解除の議決は、両議員の議員で組織する両院合同委員会（仮称）がこれを行う。

＊ 両院合同委員会の詳細については、国会法で定めることを想定している。

（内閣総理大臣への権限集中等）

第○条 内閣総理大臣は、緊急事態の宣言を発したときは、法律（＊）の定めるところにより、行政機関の長を直接に指揮監督することができるとともに、地方公共団体の長に対しても必要な指示をすることができる。

2 内閣総理大臣は、緊急毒の宣言を発したときは、法律（＊）の定めるところにより、国会の議決を経ないでも、財政上必要な支出その他の処分を行うことができる。この場合において、当該支出その他の処分については、事後に国会の承諾を得なければならない。

（財産権等の制限）
第○条　通信の自由、居住及び財産権は、緊急事態の宣言が発せられたときは、法律（＊）の定めるところにより、政令でもって、これを制限することができる。
2　前項の制限は、当該緊急事態に対処するため必要最小限のものでなければならない。

（両議院議員の任期延長及び衆議院解散の制限）
第○条　緊急事態の宣言が発せられている間に両議院の議員の任期が満了する場合には、その任期は、当該緊急事態の宣言の期間の満了又は当該緊急事態の宣言の解除の日まで延長されるものとする。
2　緊急事態の宣言が発せられている間は、衆議院は解散されないものとする。衆議院が解散され、総選挙の期日までの間に緊急事態の宣言が発せられた場合には、その衆議院の解散はなされなかったものとみなす。

＊　この試案において「法律」とあるのは、「緊急事態基本法（仮称）を念頭に置いたものである。

「緊急事態に関する憲法改正試案」の趣旨及び内容

二〇一一年三月一一日に発生した「東日本大震災」は、未曽有の国難を招きました。震災後三か月以上を経過し、ようやく東日本大震災復興基本法が制定されましたが、復興への取組みは遅れています。

被災地の一日も早い復興を願う国民の思いに答えられずにいる現状は、これまで、緊急事態に関する議論が必ずしも十分に行われてこなかったことにその一因があるのではないか、と考えます。

我が国は世界有数の地震国であり、今後も大規模地震が想定されます。私が会長を務めた衆議院憲法調査委員会の議論では、緊急事態に関する事項を憲法に規定すべきであるとの意見が多数を占めました。今すぐにでも、憲法の関連規定を設けることを含め、緊急事態に関する議論を再開する必要があると思います。

そこで、今後行われるべき議論を深める一助とするため、この試案を提示させていただくこととしました。

その主な内容を申し上げます。

第一に、地震・津波による大規模な自然災害、テロリズムによる社会秩序の混乱その他の緊急事態において、内閣総理大臣は、対象地域と九〇日以内の期間を定めて、緊急事態の宣言を発することができることとしております。

このように対象地域と期間に限定を加えたのは、以下に述べますように、この緊急事態の宣言に、内閣総理大臣への権限集中をはじめとする、強力な効果を与えることとしたためです。緊急事態の宣言の効果は、平時における憲法の枠組みから見れば例外的なものですので、この宣言が歯止めなく続いて、憲法秩序が破壊されるようなことがないようにとの配慮をしたものであり、このような歯止めの存在こそ、後述するように、緊急事態条項が「憲法保障」機能を有する制度であることを端的に現すものと言えます。

第二に、「緊急事態の宣言の効果」について、三つの事項を定めることとしております。

一つ目は「内閣総理大臣への権限集中等」であり、内閣総理大臣は、国の行政機関の長に対する直接の指揮監督と地方公共団体の長に対する必要な指示ができるとともに、事後に国会の承諾を得ることを条件として、財政上必要な支出その他の処分をすることができることとしております。

平時においては、内閣総理大臣が行政各部を指揮監督するには内閣という合議体の決定を経る必要があります。また、地方公共団体との関係では、国と地方公共団体は対等の関係とされており、国が地方公共団体に指示することは原則としてできません。しかし、緊急事態に際しては、迅速かつ統一的な対応措置をとるために内閣総理大臣に権限を集中させる必要があることから、このような規定を置いたものであります。

財政上の措置としては、緊急事態に対処するために予算で定められた範囲を超える財政出動を行うことを想定しております。平時においては、補正予算として国会による事前の民主的統制に服するところでありますが、迅速な対応を確保するために、このような制度を置いております。むろん、この規定に基づく財政上の措置をとった場合は、事後に国会の承諾を得る必要があります。

二つ目は、「通信の自由、居住及び移転の自由、そして財産権の制限」であり、法律の定めるところにより、政令でもって、これを制限することができることとしております。

ここで、制限できる基本的人権として「通信の自由」を挙げたのは、緊急時にも公共性・緊急性が高い通信を優先的に確保することができるよう、一般の通信を抑制する必要があるほか、被災者の不安をあおり、その不適切又は危険な行動を誘発するデマの拡散を抑制するため、特にインターネットなど、デマの効率的な拡散を容易にする情報通信の手段を規制する必要があるためです。

また、「居住及び移転の自由、財産権」の制限については、危険な地域からの避難命令や立入の禁止、倒壊家屋など救援・復旧の妨げとなる私有財産の廃棄・除去、復興都市計画のための土地の収用・使用制限などを行う必要があるためです。

このように、制限できる基本的人権の種類を限定したのは、これらの権利以外の基本的人権、特に内心の自由や表現の自由などの精神的自由は、緊急事態を口実にみだりに制限されないことを明らかにするためです。

また、政令で人権を制限するためには、あらかじめ、法律により、具体的な人権制限の方法を規定しておく必要があります。すなわち、人権を制限するための政令に対しても、法律という形で、国会による事前の民主的統制が確保されているのです。

三つ目は、「両議院議員の任期延長及び衆議院解散の制限」であり、緊急事態の宣言が発せられている間は、両議院の議員の任期は延長されるとどもに、衆議院は解散されないこととしております。また、衆議院の解散後に緊急事態の宣言が発せられた場合には、その解散はなされなかったものとみなすこととしております。

行政権を監視し、制御するのは国会の役割ですが、緊急事態に際して行政権に権限を集中させるならば、国会のこの役割はより一層重要となります。そこで、緊急事態の際に衆議院の解散や議員の任期満了により国会議員が欠けて国会が機能不全に陥ることがないよう、このような規定を置いたものであります。

第三に、緊急事態の宣言については、二〇日以内に国会の承認を求めなければならないこととしております。また、この場合において不承認の議決があったとき又は国会が緊急事態の宣言の解除を議決したときには、内閣総理大臣は当該宣言を解除しなければならないこととしております。

先にも述べたとおり、緊急事態の宣言には内閣総理大臣への権限集中など強力な効果が与えられていますが、これは、平時における行政権に対する民主的統制を一時的・部分的にゆるめることです。そこで、その代わりに、緊急事態の宣言の是非を国会の判断に委ね、あるいは国会に緊急事態の宣言そのものの解除を議決する権限を与えることにより、国会による民主的統制を確保することとしております。

また、緊急事態の宣言がなされた場合において、両議院が会議を開くことができないときには、緊急事態の宣言の承認・緊急事態の宣言の解除の議決については、両議院の議員で組織する「両院合同委員会」〈仮称〉が行うこととしております。この「両院合同委員会」の詳細は、国会法で定めることを想定しております。

緊急事態に際しては、いずれかの議院が人的・物的損害を被って本会議を開くことができない事態も想定されます。かかる事態に際してもなお、行政権に対する民主的統制を確保するべく、このような制度を設けたものです。

最後になりますが、以上の緊急事態の宣言の手続及びその効果の詳細については、「緊急事態基本法

（仮称）」により定めることを念頭に置いております。

以上が、この試案の主な内容であります。

ご存じのとおり、現行の憲法には、緊急事態に対処するための規定はありません。そのため、緊急事態に際しては内閣総理大臣が現行憲法の枠を超えて迅速・強力な措置を採ろうとすれば、それは民主的正統性のない、超法規的なものとなるでしょう。基本的人権も広範かつ無原則に制限されるかもしれません。そして、そのとき行政権の濫用を統制すべき国会は、国会そのものが被災した場合はもちろん、衆議院の解散や議員の任期満了によっても、その機能を停止してしまうおそれがあります。つまり、緊急事態に対処するための規定を欠く憲法は、緊急事態が生じた際にはその機能を失って、憲法秩序そのものの崩壊を招く危険を内包しているのです。

一方、この試案で提案する緊急事態の制度は、内閣総理大臣への権限集中などの平時における憲法の枠組みから見れば例外的とも見える部分を含んでいます。しかし、この制度は、現行憲法の秩序を乱すものではありません。むしろ、憲法に緊急事態についてこのような規定をあらかじめ設けることにより、基本的人権の制限に歯止めをかけて自由の保障を確保し、国会の行政権に対する民主的統制の機能を維持することができます。つまり、憲法は、緊急事態条項を持つことによって初めて、緊急事態が生じた際でも、その想定する憲法秩序を維持することができるのです。このような意味において、緊急事態条項は、違憲立法審査権等の憲法裁判制度と並んで、憲法自体が明文で憲法秩序を守るための「憲法保障」のための重要な制度の一つなのです。

以上がこの試案を提案いたしました趣旨であります。

現在の状況に鑑みるならば、緊急事態に関する議論を契機に、憲法論議を前に進めることは、多くの国民の理解を得られるのではないかと思います。

皆様の活発なご議論を期待しております。

資料③　日本国憲法に緊急事態条項（国家緊急権）を創設することに反対する意見書（日本弁護士連合会　二〇一七年二月一七日）「別紙３　治安法制の概要」「別紙４　災害法制の概要」

＊　全文は日本弁護士連合会ＨＰで参照することができる。

別紙３　治安法制の概要

1　内閣総理大臣は、大規模な災害又は騒乱その他の緊急事態に際して、緊急事態の布告（以下別紙3において「布告」という）を発することができる（警察法七一条一項）。布告が発せられたとき、内閣総理大臣は一時的に警察を統制し、警察庁長官（以下「長官」という）を直接に指揮監督する（同法七二条）。長官は、布告に記載された区域（以下「布告区域」という）を管轄する都道府県警察の警視総監等に対し、必要な命令・指揮をし（同法七三条一項）、布告区域外の都道府県警察に対して布告区域等への警察官の派遣を命じることができる（同法七三条二項）。

2　また、内閣総理大臣は、間接侵略その他の緊急事態に際して、一般の警察力をもっては治安を維持することができないと認められる場合には、自衛隊の出動を命ずることができる（以下「治安出動命令」という。自衛隊法七八条一項）。この場合、内閣総理大臣は、海上保安庁を防衛大臣の統制下に入れることができ（同法八〇条一項）、防衛大臣がこれを指揮することになる（同法八〇条二項）。なお、防衛大臣は、治安出動命令が発せられることが予測される場合には、出動待機命令を発することができる（同法七九条一項）。また、治安出動命令が発せられ、武器を所持した者が不法行為を行うことが見込まれる場合、当該武器所持者の所在場所等における情報収集を命ずることができる（同法七九条の二）。

3　都道府県知事は、治安維持上重大な事態につきやむを得ない必要があると認める場合には、内閣総理大臣に対して自衛隊の出動を要請し（同法八一条一項）、内閣総理大臣は、事態やむを得ないと認める場合には、自衛隊の出動を命ずることができる（同法八一条二項）。

4　これら治安出動の他にも、内閣総理大臣の自衛隊の施設等への警護出動命令（同法八一条の二）、防衛大臣の海上における警備活動命令（同法八二条）などの定めが置かれている。

5　日本の社会秩序を混乱させた者に対しては、当該者が行った犯罪に応じて、刑法その他の刑事法により各種刑罰規定が定められている。

6　なお、二〇〇五年（平成一七年）の自衛隊法改正により弾道ミサイル等に対する破壊措置命令に関する規定（同法八二条の二）が設けられたが、政府はこれを、防衛出動命令下命前の措置であるので武力の行使ではなく武器の使用であるとして、防衛作用ではなく警察作用としている（二〇〇五年（平成一七年）七月五日参議院外交防衛委員会での大野功統防衛庁長官の答弁）。政府の見解を前提とするならば、これも治安維持の制度に位置付けることができる。

7　テロ対策防止に関する条約としては、①航空機内の犯罪に関する条約（一九六九年）、航空機不法奪取防止条約（一九七一年）、③民間航空への不法行為防止条約（一九七三年）、④空港での暴力行為防止議定書（一九八九年）、⑤国家代表等への犯罪防止・処罰条約（一九七七年）、⑥人質行為防止条約（一九八三年）、⑦核物質防護条約（一九八七年）、⑧海上航行不法行為防止条約（一九九二年）、大陸棚プラットフォーム不法行為防止条約（一九九二年）、⑨プラスチック爆弾探知条約（一九九八年）、⑩テロ爆弾使用防止条約（二〇〇一年）、⑪テロ資金供与防止条約（二〇〇二年）などがある（二〇〇三年（平成一五年）二月衆議院憲法調査会事務局「「非常事態と憲法」に関する基礎的資料――安全保障及び国際協力等に関する調査小委員会（平成一五年二月六日及び三月六日の参考資料）」・衆憲資第一四号）。

8　政府は、武力攻撃の手段に準ずる手段を用いて多数の殺傷する行為が発生した事態又は当該行為が発生する明白な危険が切迫していると認められるに至った事態で、国家として緊急に対処することが必要なもの（緊急対処事態）に至ったときは、緊急対処事態に関する対処方針（緊急対処事態対処方針）を定めるものとされている（事態対処法二二条一項）。ここに緊急対処事態とは、武力攻撃に準ずるテロ等の事態をいい、例えば、原子力事業所などの破壊、大規模集客施設やターミナル駅などの爆破、生物剤や化学剤の大量散布、航空機などの自爆テロなどである（内閣官房国民保護ポータルサイト）。国民保護法は、国や地方公共団体等に対して、緊急対処保護措置を的確かつ迅速に実施することに万全を期す責務を有するとされている（同法一七二条）。そして、国民は、緊急対処保護措置の実施に関し協力を要請されたときは、必要な協力をするよう努めるものとされている（同法一七三条一項）。

別紙4　災害法制の概要

1　災害対策基本法によれば、非常災害が発生し、かつ、当該災害が国の経済及び公共の福祉に重大な影響を及ぼすべき異常かつ激甚なものである場合に、内閣総理大臣は、災害緊急事態の布告（以下別紙4において「布告」という。）を発することができる（同法一〇五条一項）。この布告があったとき、次の措置が採られる。

（1）　内閣総理大臣は、臨時に内閣府に緊急災害対策本部を設置する（同法一〇七条、二八条の二）。緊急災害対策本部長には内閣総理大臣が就任する（同法二八条の三、一項）。緊急災害対策本部には、緊急災害現地対策本部を置くことができる（同法二八条の三、八項）。緊急災害対策本部長は、関係指定行政機関の長等に必要な指示をしたり（同法二八条の六、二項）、資料又は情報の提供、意見の表明その他必要な協力を求めたりすることができる（同条三項）。

（2）　政府は、災害緊急事態への対処に関する基本的な方針を定める（同法一〇八条）。

（3）　内閣は、国の経済の秩序を維持する等の緊急の必要がある場合において、国会が閉会中又は衆議院が解散中であり、かつ、臨時会の招集を決定し、又は参議院の緊急集会を求めてその措置を待ついとまがないときは、緊急措置として政令を制定することができる。

政令の対象は、生活必需物資の配給等の制限他合計四点である（同法一〇九条一項、同法一〇九条の二）。政令には刑罰を付すことができる（同法一〇九条二項）。政令を制定したときは、内閣は直ちに国会又は参議院の緊急集会で承認を求めなければならない（同法一〇九条四項）。政令に代わる法律が制定されないこととなったときは、制定されないこととなったときに政令の効力は失われる（同法一〇九条五項）。

（4）内閣総理大臣は、国民に対し、国民生活との関連性が高い物資等をみだりに購入しないこと等の協力を要求することができる（同法一〇八条の三）。

2　大規模地震対策特別措置法によれば、内閣総理大臣は、気象庁長官から地震予知情報の報告を受けた場合において、地震防災応急対策を実施する緊急の必要があると認めるときは、地震災害に関する警戒宣言を発するとともに、住民等へ警戒態勢を執るべき旨を公示する等一定の措置を執らなければならない（同法九条一項）。

警戒宣言を発したとき、次の措置が執られる。

（1）内閣総理大臣は、臨時に内閣府に地震災害警戒本部（以下「警戒本部」という。）を設置する（同法一〇条一項）。警戒本部長には内閣総理大臣が就任する（同法一一条二項）。警戒本部は、所管区域において指定行政機関の長等が実施する地震防災応急対策又は災害応急対策（以下「地震防災応急対策等」という。）の総合調整等を行う（同法一二条）。

（2）警戒本部長は、関係指定行政機関の長等に対し、必要な指示を行うことができる（同法一三条一項）。

（3）警戒本部長は、防衛大臣に対し、自衛隊の部隊の派遣を要請することができる（同法一三条二項）。

3　警察法によれば、前記のとおり、大規模な災害で治安の維持のために特に必要があると認めるときは、緊急事態の布告を発することができ（警察法七一条一項）、内閣総理大臣が警察庁長官を直接指揮監督し、一時的に警察を統制することができる（同法七二条）。

4　原子力災害対策特別措置法によれば、原子力事業者の原子炉の運転等により放射性物質又は放射線が異常な水準で当該原子力事業者の原子力事業所外へ放出された事態が発生したと認められる場合、原子力規制委員会は、内閣総理大臣に対し、その状況に関する必要な情報の報告等を行う（同法一五条一項）。

上記報告等を受けた内閣総理大臣は、直ちに原子力緊急事態宣言を公示し（同法一五条二項）、原了力災害対策本部を設置し（同法一六条一項）、内閣総理大臣がその対策本部長に就任する（同法一七条一項）。

また、内閣総理大臣は、市町村長及び都道府県知事に対し、居住者等の避難のための立退き、屋内への退避の勧告等を行うべきこと等を指示することとされている（同法一五条三項）。

5　自衛隊法によれば、都道府県知事等は、天災地変その他の災害に際して、防衛大臣等に自衛隊の派遣を要請することができ（同法八三条一項）、要請を受けた防衛大臣等は救援のために自衛隊を派遣することができる（同法八三条二項本文）。ただし、特に緊急を要し、要請を待ついとまがないと認められるときは、要請を待たないで自衛隊を派遣することができる（同法八三条二項但書き）。

6　地震等の大規模な自然災害の場合、被災者の救助等のために人権制約を認めた規定がある。

すなわち、都道府県知事は、（ⅰ）医療、土木建築工事又は輸送関係者を救助に関する業務に従事させることができる（災害救助法七条一項）。これには罰則がある（同法三一条）。（ⅱ）救助を要する者及びその近隣の者を救助に関する業務に協力させることができる（同法八条）。（ⅲ）病院、診療所、旅館等を管理し、土地家屋物資を使用し、物資の生産、集荷、販売、配給、保管若しくは輸送を業とする者に物資の保管を命じ、収用できる（同法九条一項）。これには罰則がある（同法三一条）。（ⅳ）職員に施設、土地、家屋、物資の所在場所、保管場所に立ち入り検査させることができる（同法一〇条一項）。これには罰則がある（同法三三条一項）。

市町村長は、（ⅰ）設備物件の占有者、所有者又は管理者に対して当該設備又は物件の除去、保安その他必要な措置を採ることを指示できる（災害対策基本法五九条一項）、（ii）居住者等に対し避難のための立ち退きを勧告し、立ち退きを指示することができる（同法六〇条一項）。（iii）居住者等に対し、屋内待避その他屋内における避難のための安全確保措置を指示できる（同法六〇条三項）。（iv）警戒区域を設定し、立ち入りを制限、禁止、退去を命ずることができる（同法六三条一項）。（v）他人の土地・建物その他の工作物を一時使用し、土石竹木その他の物件を一時使用し、若しくは収用できる（同法六四条一項）。（vi）現場の災害を受けた工作物又は物件の除去その他必要な措置を採ることができる（同法六四条二項）。（vii）住民又は現場にある者を応急措置の業務に従事させることができる（同法六五条二項）。

第４回 1928・５・20	第５回 1930・９・14	第６回 1932・７・31	第７回 1932・11・６	第８回 1933・３・５
809,771票 （2.6%）	6,406,924票 （18.3%）	13,779,111票 （37.4%）	11,737,391票 （33.1%）	17,277,185票 （43.9%）
4,380,029票 （14.2%）	2,457,572票 （7.0%）	2,186,661票 （5.9%）	3,131,657票 （8.9%）	3,136,752票 （10.3%）
2,678,207票 （8.7%）	1,577,411票 （4.5%）	436,014票 （1.2%）	661,794票 （1.9%）	432,312票 （1.1%）
4,656,445票 （15.2%）	5,185,716票 （14.8%）	5,792,507票 （15.7%）	5,326,583票 （15.0%）	5,498,457票 （13.9%）
1,504,148票 （4.9%）	1,322,028票 （3.8%）	373,338票 （1.0%）	339,613票 （1.0%）	334,232票 （0.9%）
9,151,059票 （29.8%）	8,575,699票 （24.5%）	7,959,712票 （21.6%）	7,250,752票 （20.4%）	7,181,633票 （18.3%）
20,685票 （0.1%）	3,121,479票 （10.3%）	—	—	—
3263,354票 （10.6%）	4,590,453票 （13.1%）	5,297,068票 （14.3%）	5,980,540票 （16.9%）	4,848,079票 （12.3%）
5,084,445票	4,830,352票	1,057,943票	1,043,437票	634,665票
75.5%	82.0%	84.1%	80.6%	99.0%

資料④　ワイマール共和国国会議員選挙推移
〔ハインツ・ヘーネ著『ヒトラー独裁への道』（朝日選書、1992年）より〕

選挙年月日／政党名	制憲国民議会選挙 1919・1・19	第1回 1920・6・6	第2回 1924・5・4	第3回 1924・12・7
国家社会主義ドイツ労働者党（ナチ党＝NSDAP）	—	—	—	—
ドイツ国家人民党（DNVP）	3,121,479票（15.1％）	4,249,100票（15.1％）	5,696,368票（10.3％）	6,205,324票（20.5％）
人民党（DVP）	1,345,638票（4.4％）	3,919,446票（13.9％）	2,694,317票（9.2％）	3,049,215票（10.1％）
中央党およびバイエルン人民党（Zenrum, BVP）	—	5,018,345票（17.8％）	4,861,027票（16.6％）	5,250,169票（17.4％）
民主党（DDP, 1930年以降はドイツ国家党＝DSP）	5,641,825票（18.5％）	2,333,761票（8.3％）	1,655,049票（5.7％）	1,917,764票（6.3％）
社会民主党（SPD）	11,509,048票（37.9％）	6,104,398票（21.7％）	6,008,713票（20.5％）	7,880,963票（26.0％）
独立社会民主党（USPD）	2,317,290票（7.6％）	5,046,813票（17.9％）	235,141票（0.8％）	98,809票（0.3％）
共産党（KPD）	—	589,454票（2.1％）	3,693,139票（12.6％）	2,708,315票（9.0％）
その他	6,465,064票	935,035票	4,437,432票	3,173,217票
投票率	89.6％	79.2％	77.4％	78.8％

《注》「その他」は、経済党、ドイツ農民党、ハノーファー党、キリスト教民衆奉仕党など

資料⑤　安倍晋三自由民主党総裁改憲メッセージ　第一九回公開憲法フォーラム（二〇一七年五月三日）

ご来場の皆様、こんにちは。「自由民主党」総裁の安倍晋三です。

憲法施行七〇年の節目の年に、「第一九回公開憲法フォーラム」が盛大に開催されましたことに、まずもって、お慶びを申し上げます。憲法改正の早期実現に向けて、それぞれのお立場で、精力的に活動されている皆様に、心から敬意を表します。

憲法改正は、自由民主党の立党以来の党是です。自民党結党者の悲願であり、歴代の総裁が受け継いでまいりました。私が総理・総裁であった一〇年前、施行六〇年の年に国民投票法が成立し、改正に向けての一歩を踏み出すことができましたが、憲法はたった一字も変わることなく、施行七〇年の節目を迎えるに至りました。

憲法を改正するか否かは、最終的には、国民投票によって、国民が決めるものですが、その発議は国会にしかできません。私たち国会議員は、その大きな責任をかみしめるべきであると思います。

次なる七〇年に向かって日本がどういう国を目指すのか。今を生きる私たちは、少子高齢化、人口減少、経済再生、安全保障環境の悪化など、我が国が直面する困難な課題に対し、真正面から立ち向かい、未来への責任を果たさなければなりません。

憲法は、国の未来、理想の姿を語るものです。私たち国会議員は、この国の未来像について、憲法改正の発議案を国民に提示するための、「具体的な議論」を始めなければならない、その時期に来ていると思います。

我が党、自由民主党は、未来に、国民に責任を持つ政党として、憲法審査会における、「具体的な議論」をリードし、その歴史的使命を果たしてまいりたい、と思います。

たとえば、憲法九条です。今日、災害救助を含め、命懸けで、二四時間、三六五日、領土、領海、領空、日本人の命を守り抜く、その任務を果たしている自衛隊の姿に対して、国民の信頼は九割を超えています。しかし、多くの憲法学者や政党の中には、自衛隊を違憲とする議論が、今なお存在しています。「自衛隊は、違憲かもしれないけれども、何かあれば、命を張って守ってくれ」というのは、あまりにも無責任です。

私は、少なくとも、私たちの世代の内に、自衛隊の存在を憲法上にしっかりと位置づけ、「自衛隊が違憲かもしれない」などの議論が生まれる余地をなくすべきである、と考えます。

もちろん、九条の平和主義の理念については、未来に向けて、しっかりと、堅持していかなければなりません。そこで、「九条一項、二項を残しつつ、自衛隊を明文で書き込む」という考え方、これは、国民的な議論に値するのだろう、と思います。

教育の問題。子どもたちこそ、我が国の未来であり、憲法において、国の未来の姿を議論する際、教育は極めて重要なテーマだと思います。誰もが生きがいを持って、その能力を存分に発揮できる「一億総活躍社会」を実現する上で、教育が果たすべき役割は極めて大きい。

世代を超えた貧困の連鎖を断ち切り、経済状況にかかわらず、子どもたちが、それぞれの夢に向かって頑張ることができる、そうした日本でありたいと思っています。

七〇年前、現行憲法の下で制度化された、小中学校九年間の義務教育制度、普通教育の無償化は、まさに、戦後の発展の大きな原動力となりました。

七〇年の時を経て、社会も経済も大きく変化した現在、子どもたちがそれぞれの夢を追いかけるためには、高等教育についても、全ての国民に真に開かれたものとしなければならないと思います。これは、個人の問題にとどまりません。人材を育てることは、社会、経済の発展に、確実につながっていくものであります。

これらの議論の他にも、この国の未来を見据えて議論していくべき課題は多々あるでしょう。

私は、かねがね、半世紀ぶりに、夏季のオリンピック、パラリンピックが開催される二〇二〇年を、未来を見据えながら日本が新しく生まれ変わる大きなきっかけにすべきだと申し上げてきました。かつて、一九六四年の東京五輪を目指して、日本は、大きく生まれ変わりました。その際に得た自信が、その後、先進国へと急成長を遂げる原動力となりました。

二〇二〇年もまた、日本人共通の大きな目標となっています。新しく生まれ変わった日本が、しっかりと動き出す年、二〇二〇年を、新しい憲法が施行される年にしたい、と強く願っています。私は、こうした形で国の未来を切り拓いていきたいと考えています。

本日は、自由民主党総裁として、憲法改正に向けた基本的な考え方を述べました。これを契機に、国民的な議論が深まっていくことを切に願います。自由民主党としても、その歴史的使命を、しっかりと果たしていく決意であることを改めて申し上げます。

最後になりましたが、国民的な議論と理解を深めていくためには、皆様方、「民間憲法臨調」、「美しい日本の憲法をつくる国民の会」のこうした取組みが不可欠であり、大変心強く感じております。

憲法改正に向けて、ともに頑張りましょう。

資料⑥ フランス憲法一六条、三六条〔高橋和之編『世界憲法集』（岩波文庫）より〕

第一六条〔非常事態権限〕

① 共和国の諸制度、国の独立、領土の保全あるいは国際的約束の履行が重大かつ切迫した脅威にさらされ、憲法上の公権力の正常な運営が妨げられた場合には、共和国大統領は、首相、両議院議長および憲法院長に公式に諮問した後、状況により必要とされる諸措置を採る。

② 共和国大統領は、教書を発してこれを国民に伝える。

③ これらの措置は、憲法上の公権力機関にその任務を果たすための手段を最短期間のうちに確保させる意思を表すものでなければならない。憲法院は、それに関して諮問を受ける。

④ 国会は、法上当然に集会する。

⑤ 国民議会は、非常事態権力の行使中は、解散することができない。

第三六条〔戒厳令〕

① 戒厳令は閣議により布告される。

① 一二日を超えてのその延長は、国会のみが許可することができる。

資料⑦　アメリカ合衆国憲法修正一八条、修正二一条〔高橋和之編『世界憲法集』（岩波文庫）より〕

《修正一八条〔酒精飲料の製造等の禁止〕〔一九一九年成立〕〔廃止〕

第一節〔酒精飲料の製造等の禁止〕本条が承認されて一年を経た後において、合衆国及びその所轄権に属するすべての領地において、酒精飲料を飲用に製造し、販売し、もしくは運搬し、または上記の地域に輸入し、もしくは上記の地域から輸出することは、これをここに禁止する。

〔後略〕》《　》内は、修正二一条第一節により修正。

修正二一条〔修正一八条の廃止〕〔一九三三年成立〕

第一節〔修正一八条の廃止〕合衆国憲法修正一八条は、これをここに廃止する。

〔後略〕

著者略歴

梓澤和幸（あずさわ・かずゆき）

群馬県桐生市生まれ。埼玉県立浦和高校卒。一橋大学法学部卒。1971年弁護士登録。

国分寺市人権擁護委員、東京弁護士会人権擁護委員長、共同通信社監査役を経て山梨学院大学法科大学院特任教授。

現在、日本ペンクラブ理事　平和委員会委員長。フジテレビ番組審議会委員。市民メディアNPJ（News for the People in Japan）代表。立憲主義の回復をめざす国分寺市民連合共同代表。

主な著書に『報道被害』（岩波新書）、『リーガルマインド―自分の頭で考える方法と精神』（リベルタ出版）、『前夜〔増補改訂版〕』（共著、現代書館）、『在日外国人』（筑摩書房）など。

改憲　どう考える緊急事態条項・九条自衛隊明記
ありふれた日常と共存する独裁と戦争

2017年8月15日　　初版第1刷発行
2018年1月30日　　初版第2刷発行

著　者　梓澤和幸
発行者　川上　隆
発行所　株式会社同時代社
〒101-0065　東京都千代田区西神田2-7-6
電話 03(3261)3149　FAX 03(3261)3237
装丁　クリエイティブ・コンセプト
組版　いりす
印刷　中央精版印刷株式会社

ISBN978-4-88683-822-3